Sales Truth:
Debunk the Myths. Apply Powerful Principles.
Win More New Sales.

[美] 迈克·温伯格（Mike Weinberg） 著

王 玉 译

销售真相
99%的普通销售
都不懂的销售法则

电子工业出版社·
Publishing House of Electronics Industry
北京·BEIJING

图书在版编目（CIP）数据

销售真相:99%的普通销售都不懂的销售法则 /（美）迈克·温伯格（Mike Weinberg）著; 王玉译 .—北京：电子工业出版社，2021.1
书名原文：Sales Truth: Debunk the Myths. Apply Powerful Principles. Win More New Sales
ISBN 978-7-121-39945-9

Ⅰ. ①销… Ⅱ. ①迈… ②王… Ⅲ. ①销售—方法 Ⅳ . ① F713.3

中国版本图书馆 CIP 数据核字（2020）第 248961 号

责任编辑：张振宇
印　　刷：三河市鑫金马印装有限公司
装　　订：三河市鑫金马印装有限公司
出版发行：电子工业出版社
　　　　　北京市海淀区万寿路 173 信箱　　邮编：100036
开　　本：700×1000　1/16　印张：15.75　字数：220 千字
版　　次：2021 年 1 月第 1 版
印　　次：2021 年 4 月第 3 次印刷
定　　价：68.00 元

凡所购买电子工业出版社图书有缺损问题，请向购买书店调换。若书店售缺，请与本社发行部联系，联系及邮购电话：（010）88254888，88258888。
质量投诉请发邮件至 zlts@phei.com.cn，盗版侵权举报请发邮件至 dbqq@phei.com.cn。
本书咨询联系方式：（010）88254210，influence@phei.com.cn，微信号：yingxianglibook。

▌ 推　荐

　　此书观点大胆，表达直接却句句真实。迈克将用简单的销售方案打破和挑战你的认知，也只有他才可以做到这一点。请君慢享此书，每页都有惊喜。

——马克·亨特

《寻找高利润》的作者

　　很少能有一本书可以如此有力而又清晰地讲述一个真相，以至于可以定义一个时代。《销售真相》就是这样一本书。迈克用一种单刀直入而又独一无二的方式讲述了销售的真相，表述极具幽默感，并着重墨描述了烙有其个人特征的实用且高明的销售方法。

——安东尼·伊安纳里诺

《吃掉别人的午餐：从竞争对手手中赢走客户》的作者

在阅读此书之前，你可能从来没有对一本销售书籍如此如饥似渴过。所以，在阅读此书时，准备好来接纳一些真实、诚恳而又略带苦涩的真相，其中就揭穿了我个人最爱的"销售神话"，即"一切都已改变"。当你践行完这些销售真理以后，你会成为一个更好的销售人员或销售领导。所以，请君多努力，开始阅读此书吧。

——安德儿·华兹

《拥抱拒绝》的合著者

迈克·温伯格给那些紧随潮流的销售"亮点"和销售风尚泼了一盆冷水，因为它们大多和基本的销售活动是相悖的，而后者是一直以来能够且将来也肯定会产生业绩的基础。对于要做什么，迈克倾尽全力提供了一个基于现实的框架，并将其融入当下销售活动和对未来的期望中。此书既有娱乐性又有教育意义，应该在每一名销售人员的工具箱中占据一席之地。

——亚特·索布查克

《销售人员电话沟通新技巧》的作者，播客《销售艺术》的主持人

迈克·温伯格又一次做到了。他让我们忘掉了所有最新的、闪亮的销售捷径，让我们直面真正的销售和真实的结果。《销售真相》会让你摩拳擦掌，准备大胜一场。祝你狩猎愉快！

——埃文·瓦尔德曼

埃塞克斯工业总裁

#销售的真相就在此书中。在我读过的关于专业销售的书籍中，它是最有力度的几本之一。书中有些绝对是精华，包括第10章的"连接用语"和第11章的"黄金台词"，仅仅是第15章的"并非如此非凡"的成功关键就可以让你收入翻番。

——杰夫·巴乔雷克

播客"购买动机及行为"的主持人

我爱这本书！如果你或者你的团队正感到迷茫或者正在努力引进新业务，那么请阅读《销售真相》这本书。虽然我更愿意让迈克亲自来到我们的销售队伍前面授机宜，但如果只能退而求其次的话，这本书就是最好的选择。它可以向你传授你所需要的那些明确、易执行且有力的建议。现在，我们的经理人都要好好读一下《销售真相》这本书，同时要把它列为我们销售代表培训的一部分。

——佩奇·纳夫特尔

Ram Tool Construction Supply 主席

提防那些宣称传统努力——客户开发、日程管理、推销前先倾听——都白费的伪预言！企业主、销售主管和销售人员都会发现《销售真相》能够提供一些务实又实用的指导，用常被忽略的常识、艰难的真相和直接的启迪告诉你销售中什么在起作用，并揭露那些糟糕的销售表现背后的借口。迈克提供了很棒的建议和相关的案例研究，聪明的销售代表和他们的经理会尽可能快地来学习和施行。

——吉娜·霍格兰

Collaborative Strategies 公司的共同创始人之一，Triad Bank 主席

迈克·温伯格是我的朋友，也是我长期合作的销售顾问。他用一种大胆而又直接的方式，呼吁每一个寻求企业成长的人行动起来！就像高尔夫每次伟大的挥杆一样，对你的成功有更大影响的是熟练掌握基础知识，而不是最热门的潮流或者科技。准备好提高你的销售业绩了吗？那么好好读读这本书，它将会提醒你牢记基础的重要性，并帮你汲取从 2016 年美国总统大选中可获得的销售经验，以及提供一些从你开始阅读的那一刻就会帮助你有所提升的案例。

——马克·彼得曼

Cornerstone Solutions 集团总裁

如果你喜欢《客户开发行动手册》和《销售就这么简单》这两本书，那么，你会爱上《销售真相》。迈克·温伯格既联系实际又能一语中的，为今天最有争议性的销售问题和挑战拨开云雾。此书专业销售人员应该人手一册！

——詹姆斯·缪尔

《完美接近》一书的作者

系好安全带，准备好享受一段愉悦的旅程吧，跟随迈克·温伯格一起穿梭于今天所谓的销售专家创造的喧嚣之中。迈克用他特有的迷人方式，向我们传递了诸多具有可行性的真相，让我们可以马上拿来使用，从而达成更多订单。

——乔·塔鲁利

Pyrotek 公司总经理兼销售领导

堪萨斯州立大学的销售学教师都是迈克·温伯格的粉丝！多亏了迈克和他的巨著，我们的学生们知道了如何开发客户、明确价值以及如何创造和完成新的销售。《销售真相》甚至传递了更多言之有物的智慧，势必成为堪萨斯州立大学销售专业学生的阅读书目。这本书也应该成为你的下一本必读书！

——黎明·迪特

美国国家战略销售学院主任、堪萨斯州立大学教授

迈克·温伯格的《销售真相》一书既尖锐又诚恳。对那些有野心赢取更多的销售人员来说，这是一本必读书。甚至毫不夸张地说，那些阅读了此书并将书中经过验证的工作原理付诸实践的人将会使他们的潜在收益翻一番。

——佩妮·奎勒

Monster Worldwide 公司高级副总裁兼总经理

大胆、才华横溢且充满质朴的真理！销售的成功并没有什么窍门，迈克大胆地深挖基础这一核心，一方面建造销售武器，一方面传递销售人员所必需的严厉的爱。请用心阅读《销售真相》此书，因为每一页都倾注了迈克的心血和灵魂。

——拉里·莱文

《用心销售》的作者

资金雄厚的销售工具供应商和社会化销售专家总是喜欢让现代的销售人员相信"销售中的一切都已改变"，而迈克则通过对各个产业领域的客户进行案例研究得出了令人信服的、截然相反的结论。而且，我很欣喜迈克证明了"采购并非万能"这一点！《销售真相》不适合胆小鬼，它是《客户开发行动手册》的完美姊妹篇。

——贾斯汀·迈克尔

Kochava 公司销售副总裁

此书很棒地再一次提醒我们：销售是一项很高尚的职业，最成功的销售需要把客户的最大利益牢记在心，并且时刻想方设法传递有价值的成果来改善客户的处境。当我们追求所谓的"销售秘笈"而不是执行真正能产生业绩的销售基础时就会产生很多挑战，而《销售真相》深刻地认识并有力地抓住了这一点。

——特雷西·克雷克

TEC Equipment, Inc. 公司区域销售总监

认真执行销售基础，充分利用每一种工具，认真倾听客户的需求，每次都及时地向客户输送价值。从每一次业务奔走、每一个产业和世界的每一个角落来提炼销售专业人员的尊严和努力背后的真相，没有人比迈克·温伯格做得更好！他使销售人员和销售领导的工作更加出色，并且传达了销售的真相，从而帮助我们的团队提高业绩。

——丹·格兰特

Skyline Champion 公司销售和业务发展副总裁

迈克之前的两本书，《客户开发行动手册》和《销售就这么简单》，改善了我们团队的销售和管理方式。《销售真相》这本书将会延续这一趋势，因为它为我们这些销售教练员提供了非常棒的内容，让我们可以坦率地讨论如何创造机遇而不是追逐机遇！

——斯格特·库普

Enterprise Bank & Trust 公司商业销售总监

迈克的《销售真相》一书很容易受到攻击，因为它又一次触及了人们的底线。此书延续了迈克一贯的直接和有趣的风格，揭露传奇的真相，坦诚道来，将会让那些坚持寻求"销售妙招"的人无地自容。

——托德·霍科姆

Ram Construction Supply 公司培训总监

▌前 言

从未像现在这样，人们迫切地需要一本书来讲述到底怎样才能获取销售的成功。在过去的十年里，身处销售圈的我们，周围充斥着大量的销售理论和观点，而其中大部分是由一些缺乏销售知识和经验的人提出的，他们并不能给出有效的销售建议。这些建议很大一部分是与事实相悖的，只是为了博人眼球，营造一种"销售行业中的一切都已改变且不可挽回"的主导叙事。

这些标新立异、畸形和拙劣的观点与事实背道而驰。实际上，销售基础并未改变。如果一项实践能够经受时间的考验，不断产生效益，那么它就可以成为基础。你也可以将这些基本法则称为销售的真相。

然而，很少有人觉得这些新专家的言论和理念是不切实际的。整个销售行业的大多数人已经默认，社会工具已经取代了有效销售的基础，只有少数人在努力阻挡这种浪潮，并遏制它给销售人员和销售组织造成的伤害。而且，这些所谓的"新专家"的谎言不胜枚举，他们总是发表一些这样的言论，比如，"不要再进行电话销售了"，"要通过平台与人们联系并合作"。他们不对销售人员进行任何真正的付出努力的引导，就向公司承诺会有更多的新机遇。

如果承诺每一位销售代表将会在销售领域大获成功还不足以获取销售经理和销售领导的默许的话，这些新的"销售专家"将会恐吓他们要"开发""现代销售人员"。这些销售人员将是善于交际且互相联系的，这和他们所追随的专家特点一样。"专家"们甚至告诉销售领导，如果他们不培训自己的员工使用新的社交平台而是坚守"旧方式"的话，那么他们的业务将会受到无法弥补的伤害；他们告诉销售领导，传统的"销售角色"现在已经落伍了，因为买家都在使用互联网，可以通过网络获取自己需要的所有信息，而销售人员则不能创造任何真正的价值，最后只能沦为俯首帖耳的仆人。

只有极少数的人"站在历史的对立面，大声喊停"，而你手中这本书的作者就是其中之一（也许你是在接听销售电话的间隙阅读此书，也许是在拜访一位客户的飞机上倾听此书）。此书的作者既是我的挚友，亦是我的谋略伙伴。在"社会化销售"甚嚣尘上的时候，他出版了他的第一本书——《客户开发行动手册》，此书呼吁销售人员"选择目标""打磨武器"以及"专门花时间打电话"来获取会面机会。如果这些经受了时间考验的销售知识不那么令人折服的话，《客户开发行动手册》在亚马逊官网上也不会有将近 600 条的评论，且平均评分为五星。如果迈克·温伯格的建议不正确，他也不会成为今天销售行业最受欢迎的演讲者和顾问之一。

◎ 在后真相时代渴求真相

对我们这些和迈克·温伯格关系密切的人来说，他就是一只"蜜獾"，因为他总是极其率直、无比诚实且不知疲倦地坚持说真话，即销售的真相。在这本书中，迈克会和你一起分享那些所谓的新"销售专家"是如何用自己的语言来"建议"你在销售中取得成功的。现在我的任务是让你对即将读到的内容有所准备，但是某种程度上讲，我并不能够胜任；在迈克记录的这些东西面前，你很可能怀疑怎么会有人胆敢写出这么可笑的东西。其实，除迈克之外，找不出更好的人选来反对那些糟糕的观点和"建议"，同时还用一种直逼真相的幽默方式来表达（让你放声大笑，甚至笑出眼泪）。

在本书的前四章中，迈克揭秘传奇、消除谎言，同时让你理解为何错误的观点会存在，以及那些伪讲师的动机是什么。我可以断言，你将会对那些假的销售建议感到非常生气，同时也会被迈克的评论逗笑。

在第二部分，迈克将会为你提供现在进行有效销售的真相（并深入未来）。如果你对于如何赢得更多订单、创造新机遇、重新规划日程以及瞄准理想用户开始"下令进攻"并没有一个步骤上的认识，那么，到了第 9 章的最后，你将会熟练掌握这些步骤。如果你因为自己需要更多的信息而不确定如何提升客户开发能力的话，那么在读完简洁、有力的两章之后，你将能够自信且果断地预约新的客户会面。

对我来说，很难说更喜欢哪一章，但是仅仅在第 14 章，你就能够充分理解如何接纳不同和其所带来的竞争优势。如果你想知道排名前 10% 的销售人员做了什么才高居销售金字塔的顶端，第 15 章将会通过研究两个看似非凡实则寻常的案例来告诉你一个道理：世界上最好的销售代表是那些最善于应用基础的人。

如果你想拥有质朴、纯粹且实用、巧妙的真理，那么此书会满足你。拥抱真理，听从迈克的建议，从而获取更多新订单！

安东尼·伊安纳里诺

《吃掉别人的午餐：从竞争对手手中赢走客户》的作者

▍致　谢

　　在计划和写作此书的过程中，我极其幸运地收到了很多支持。我第一个要感谢的人是我的新朋友 Tim Burgard。他才华横溢，是 HarperCollions Leadership 的高级编辑。他对这个课题特别感兴趣，而且给出了很多宝贵的指导意见。

　　Katie，我的妻子和挚友，则为此书付出了最大的代价。在我写作此书的手稿的时候，她极其体贴地帮我调整客户服务工作带来的重担和令人疯狂的出差日程。非常感谢我漂亮又耐心的妻子，没有她，我将会迷失方向甚至更糟。再次感谢她很棒的前期编辑和建议。

　　我想对 Kurt、Haley 和 Corey 这三位世界上最棒的年轻人说：谢谢你们在我深入这个课题时所给予的鼓励、欢乐和观点。很开心看到你们每一个人都在茁壮成长，我为你们感到骄傲。我还要深深地感谢我的父母，他们总是能找到方法来鼓舞和激励他们已经 51 岁的儿子。我爱你们，谢谢你们。

我想对 OutBound Conference 的策划团队和合作伙伴们——Jeb Blount、Mark Hunter 和 Anthony Iannarino——说，谢谢你们的魄力、想法、鼓励、真诚和坦率。你们让我成为一个更好的顾问和演讲者，也正是你们三个让这个销售团队有了很大的进展。我想对我充满智慧、成熟（和年长）、最亲爱的朋友和顾问 Shane Johnston、Rob Morton 和 Mark Peterman 三人说，再次感谢你们的智慧，谢谢你们让我永远不会安于现状或骄傲自满。对让一切正常运转和让我的脑子免于爆炸的 Mary Oliver，我想说，谢谢你对我的照顾、支持和保护，这一切不能没有你。

最后，感谢我的客户们，谢谢你们委托我来协助你们打造健康、高效能的销售文化，培养高效的销售领导以及达成更多的新订单。谢谢你们的信任，也感谢你们能让我做我所爱的工作。

目录
CONTENTS

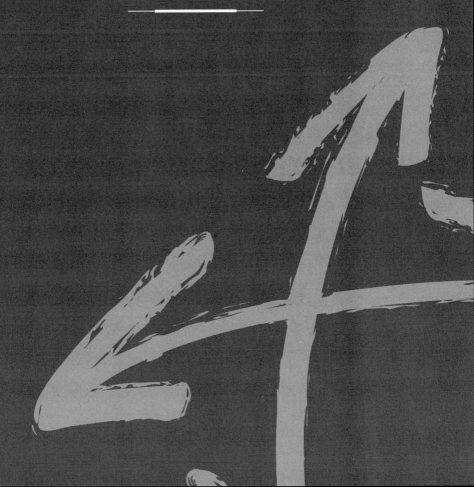

第一部分

所谓“专家”

第 1 章
真相，何为真相？

在过去的这一年里，我很荒谬地花了大把时间在飞机上（经常是在琢磨本书的观点），因此，我现在在飞往南非的航班上写下本书的第 1 章倒也很合适。在这段 24 小时的旅程结束以后，我将会花一天时间进行休息调整，然后我就会开始做我每周都会做的事情——和企业领导、主管、销售经理以及销售人员进行直率地交流，然后为他们提供简单、实用而又有力的措施，帮助他们打造一种健康、高效能的销售文化并达成更多的新业务。换种说法就是，我告诉他们销售的真相。

向销售领导和销售人员讲述**销售的真相**是我的荣幸和特权，也似乎成了我的职业。

◎ 为什么是你来判定何为真相?

我很理解,宣称发现了像销售这样重大课题的"真理"是很有勇气的一件事情,这肯定会被人认为是自以为是。请听我说,我并没有发现"真理",而且永远也不会这么说。因为在我观察、请教或者培训一名主管或销售人员的时候,或者在我协助举办一个研修班或培训课的时候,我每一天都会学到一些新东西。这也正是我为什么这么热爱我的工作的原因,因为我一直在学习,对于什么能在销售和销售管理中起作用以及什么不能,我可以获取第一手的经验。然后,我可以把这些观察结果同我的读者和客户分享。

那些了解我、阅读我的书和博客或者在推特和领英上关注我的人会敏锐地注意到(甚至是理解)我只是简单地把我看到的东西说出来而已。当然,有时候为了表达一个观点,我用比较极端的方式来说话和写作,而且常常是因为试图敲响警钟,希望钟摆回到中间位置,而这也恰恰是我写作此书的初衷。

那些关于销售和销售管理的嘈杂声音和彻头彻尾的虚假信息正处于历史最高点。七年前,情况就很糟糕,尤其是那些围绕客户开发和新业务开拓的观点,促使我写了我的第一本书《客户开发行动手册》。但是,让人惊讶且难以置信的是,今天这种困惑和混乱状况甚至更糟。

诚实地讲,以前从来没有这么多困惑是因为以前从来没有这么多理论、观点以及这么多(免费)渠道来传播这些虚假信息。自诩销售"专家"和"思想领袖"的人遍布各处——他们中的很多人通过向那些渴求快捷键和神奇捷径的销售领导和销售人员宣扬一些受欢迎的无稽之谈，说一些他们想听的话，从而积累了很多重量级的拥护者。如果，你指出这些观点愚蠢、不准确且这些"专家"的言论前后不一致，那么，他们会指着自己的文章收到的"点赞"数快速反击。我的朋友也是《寻找高利润》的作者 Mark Hunter 说过这样一句话，"销售人员不能把赞和点击量带到银行去"。我曾开玩笑说，今天很多宣称可以提高销售业绩的伪大师的可信度和"喜欢"他们言论的人的数量完全不成比例。翻译一下：高人气不等于所提供的信息有帮助、有用或有效。实际上，事实往往恰好相反。

◎ 一切皆未改变

今天很多的新"专家"喜欢告诉我们一切都已改变。他们宣称，这个新世界充满危险，所有的规则都已改变。以前在销售和销售管理中起作用的一切在今天全都已失效。传统的方法、技术和方法论不再有效。实际上，他们表示，如果你胆敢使用老派、传统的方法，那么你不仅仅是一个注定会失败的傻瓜，还是一个活该被愚弄的来自黑暗时代的勒德分子（手工业者中捣毁机器，强烈反对机械化或自动化的人）。如果你觉得我有半点夸张，那么看一下下一章的案例就知道我所言非虚。

让我觉得既有趣又生气的是，我对以上内容的看法完全相反。

据我观察，那些最高效的主管、销售经理和销售人员都是能够熟练运用基础知识的人。他们完善了老派、传统的方法，他们坚守着销售和销售领导中行之有效、经过验证的基础知识，而不是不断地通过购买最新的、最棒的和最流行的新工具、玩具或把戏来自娱自乐。虽然这种做法看起来一点儿都不时髦，但是却异常有效。

让我换一个角度来重申这个观点，因为我特别想让你消化这个事实：不管你从今天最流行、自诩思想领袖的人那里听到了什么，我从来没有见过一个销售人员或销售团队因为缺乏最新发明的销售工具或者因为没有采纳最新创建的销售流程而失败。

我不知道如何优雅地表达下一个观点，也不知道如何避免显得自负，所以我只能厚颜地表述，因为我受够了半真半假的内容和虚假的承诺给销售人员和经理人带来的虚假希望：你将很难找到一个销售顾问、培训师、演讲者比我在过去几年里坐的飞机更多、去过的公司更多。我一直在全球奔跑，帮助每个行业的销售团队——从抵押到机械，从塑料制品到聚合物到薪资服务，从防御到资产分配，从大数据到大卡车，从软件服务到垃圾利用。我可以坚决、明确地声明，不管那些所谓的专家在领英上写了什么或者在他们的"研究"中引用了什么，他们缺失的不是自己心爱的、新发现的工具或流程，而是对基础知识的坚定执行。他们可以对自己的理论巧舌如簧，吹嘘有多少人为他们的言论"点赞"，在网上的虚拟销售会议上大放厥词，心满意足地引用一些据说正当的研究。而我亲眼见到的、亲耳听到的则是：销售界渴求具有严谨性和纪律性的基础知识，而不是新把戏。

几乎每周，我都会和为销售业绩或销售组织奋斗的领导者交流，他们花费了大把时间和金钱采购并尝试使用新的工具和理论，因为他们（错误或悲哀地）相信这些被承诺的灵丹妙药能够解决他们销售中的所有烦恼。而实际情况是，在花费（浪费）了那么多金钱、时间和精力追逐闪亮的新事物（此处应填写上本月的热销榜单）之后，他们依然需要帮助。这一现状说明了很多，不是吗?

让我来确定一下你并没有过度解读我写的内容。我并非说你和你的销售团队不需要工具、流程或科技，你当然需要这些。而我主要想表达的是，今天那些在销售中大获全胜的人之所以能够成功是因为他们对基础的熟练应用，而那些依旧挣扎的人，尤其是在拓展新业务和赢取新客户领域，之所以还在小打小闹是因为他们对基础应用得不够好。尽管很多"专家"大声辩护，但是显而易见的事实是，过去二十年里在销售和销售管理中极其有效的知识和方法仍然是今天销售成功的秘诀，而且这个秘诀并不神秘。也许听起来很疯狂，如果我把你介绍给我在上市电力行业组合中的每一个客户的最佳销售，你会发现这些顶尖的业务员与我在五年前、十年前甚至是十五年前观察到的最佳销售员运用的思维模式、方法、行为和纪律是完全相同的。最好的销售和最好的领导都是那些将自己工作的基础知识熟稔于心的人。他们是自己的技能的主人，因为他们熟练掌握了基础。

在第二部分（"赢取更多新订单的真相"）把这些重要的基础知识拿出来之前，请允许我多说一些。让我们看看这些危险、居心叵测的"专家"宣扬的虚伪和空洞言论，因为我相信他们最终会给销售团队造成伤害，而不是带来帮助。

第 2 章
警惕那些新专家和伪讲师

　　我本来不想写这一章，但是我的所见和良知却迫使我如此。我本意并不想显得刻薄，但是很容易就能指出来的是，一些现代流行的销售"专家"宣扬的内容与那些任何时候都能在销售领域成功的人士、那些成功领导销售组织的人或者那些有一点儿常识的人所知道的真相异常相左、很不一致。

　　美国国土安全部努力使大众对领土威胁保持警惕，并推广了这一表达：你看到了什么就说什么。我很喜欢这句表达，因为它既简单又朗朗上口而且很容易被记住。

　　在过去五年左右的时间里，我和我信任、尊重的改善销售行业的同事们一直以来的很多见闻都促使我们有所领悟。实际上，我在 OutBound Conference 的伙伴（Jeb Blount、Mark Hunter、Anthony

Iannarino）每周都会和我互相发送几条分组短消息。我们中如果有一个人先读到或者听到某个"专家"的明显错误、具有误导性甚至常常是很危险的言论，就会把这篇文章互相传阅，这样我们就可以集体表示反对。之后不久我们中的一个或者多个人会公开反驳这些虚假信息，要么是在一篇文章中发表我们的反对意见，要么只是简单地通过评论来指出这一"专家"言论中的不一致和荒谬之处。简单来说，我们看到了一些不对的事情，然后我们把它说出来让其他人来提高警惕。

我们发现，真的很难在一个远离真相的人那里赢得一场具有思辨性的讨论，因为他们的生计和他们所推广的议程是息息相关的。是的，这听起来和美国的政局相似得可怕，因为在这个国家已经没有什么关于热门政治话题或候选人的公民话语或健康辩论了。但是，尽管我尽可能延迟介入政治话题，到了第 4 章依然不可避免。在这一章中，我虽明知不妥，却依然与大家分享从 2016 年的美国总统大选中可以获取的有力的销售教训，因为其中有太多可以收集的**销售真相**；在这一章中，我冒着失去友情和工作的风险，从销售教练的视角来分析这场令人震惊的唐纳德·特朗普成为总统的大选。请按捺住内心的好奇，不要直接跳到第 4 章。因为眼下，我们还是要讨论虚假的教学和充满误导性的销售建议。

我得出的另外一个很伤脑筋的教训就是，在网上和人们"打仗"真的非常难，因为他们花费非常多时间坐在键盘的后边，完全可以用废话把你湮没。

有些人想根据自己收到的点赞数来判定销售改善的有效性，与此相反，事实上，那些在销售改善行业成功的人都非常忙。在这个行业中，销售顾问、教练、培训师和演讲者成功的真正方法是不停地出差、进行收费合作和花时间帮助客户，而不仅关注于自己收到的点赞数。

◎ 提防销售热潮、时代的口味和潮流的盲目追随者

在我的前一本书《销售就这么简单》中，我批评了追求闪亮新玩具等趋势的销售领导者。作为一个团队，我们是容易上当的一群人，因为我们总是在寻求优势。所以，当我们听说了一个新事物时，比如一个灵巧的工具、很酷的新流程或者一个潜在的快捷路径，我们会特别担心自己错失机会。于是，我们通常会快速地进行调查，然后又往往很轻率地孤注一掷来采纳这种新事物、方法、流程或工具。

好，那你知道谁比这些销售经理人和销售人员更担心错失这次机会吗？是的，是销售改善大师！在过去的十年里，那些在销售改善行业谋生的人遇到任何一个热门、大势所趋的销售热潮和时代口味就马上见风使舵、追随而上。没有比这更可笑的了。

首先，它是集客式的。但是，至少在集客式的范围内，他们如实地称呼它——营销，亦即集客式营销。和追随而来的社会化销售运动的领导者不同，集客式营销者并不会怂恿销售员最好要进行营销活动而不是销售活动。

　　随集客式而来的是社会化销售的快速崛起，后者"借鉴"了很多集客式营销的主题和原则。这一长期持续的热潮有自己的生命轨迹，远非这里顺带一提就能说清楚的。我们将会回顾很多社会化销售"专家"一直宣扬的大胆言论，并将它们与真正驱动个人业务的做法进行对比。

　　几年前，销售支持成为时尚并且积攒了很多重要的机会，以至于直到今天在这面旗帜下有一整个领域的人士在工作并告诉我们这就是销售的未来。尽管如此，让人觉得有点疑惑的是，不断有人尝试来定义和再定义销售支持，但是，对于它到底是什么以及它意味着什么似乎并没有达成任何共识。如果你很好奇，可以搜索一下这个词组，你会搜到无数的"专家"观点。另外，请自行阅读总结销售支持协会年度会议的文章。

　　在 Membrain.com 的博客上，我读到了一篇很棒且诚实得让人耳目一新的帖子，由销售支持协会的一位创始人（一百名创始人之一）和协会主席 Dallas Chapter 所写。他漂亮地总结了 2017 年的会议，而且他对议程和关键信息的汇报也很坦诚，进一步加深了就算是"专家"也不确定销售支持是什么的观点。他甚至开玩笑说，那些告诉你他们知道销售支持定义的人很可能是在试着向你卖东西！[①]

　　这正是我的观点！这一热潮被认为是所有的销售主管都应该前进的方向。因为如果我们不在销售支持上倾注一切的话，对于我们

---

① 博客链接：http://tinyurl.com/y8tgnk5s，在此文中作者承认："如果你向 10 个公司问销售支持的含义，很可能你会得到 13 个不同的答案。"

的销售组织可能会产生的影响令人害怕。但是几年过去了，即使是这一运动的领导都不能明确地说出它的定义特征、核心价值和最佳方法。请原谅我的反应，因为对我来说，这感觉就像是一场学者之间的学术讨论，特别浪费时间。要小心那些定义松散且自称协会的团体。

2017年，以客户为基础的营销和销售成为潮流。今天停在这座新的大伞下的"专家"向我们承诺，以客户为基础的一切才是销售行业的未来。唯一比以客户为销售基础的文章更常见的，是销售改善大师摇身一变，成了以客户为基础进行销售的"专家"。我还没有拿出时间或精力深入解读这一最新、最重大和有史以来最好的现象。我所读到的一切听起来都很明智，而且非常传统。比如，客户应该是我们的焦点，我们最应该关心的是客户的需求、期望、流程和结构等。而我们作为销售，需要着重把我们自己和我们的流程、方法与客户结合起来。这些并非什么惊天动地的新理论。这也是为什么有几个销售改善的朋友一致挠头，他们对为什么有这么多大师选择倾注全力、紧跟这一热潮表示好奇。以客户为销售基础现在太火了，每次我打开领英，总能找到一个"必须学习的前五十位以客户为销售基础的有影响力人物"排名。我确信，就算直到这本书出版，这个前五十名的排名依然会存在。

最近，有一群被 Anthony Iannarino 称为懦夫的一小撮的"专家"快速兴起。这些恐慌传播者向今天努力挣扎、缺乏安全感的销售领导和销售人员的弱点下手。他们宣称，销售行业将会步恐龙的后尘，在接下来的十年里大部分的销售人员将会销声匿迹并快速被人工智能取代。我们成了前些年遗留下来的无用和多余之人。他们说，今天的买家并不需要专业的建议。他们甚至引用"研究"数据来告诉我们，据说买家在向销售人员咨询之前就已经完成了购买流程的 57%，而且随着人工智能机器人越来越复杂和普及，这个百分比将会显著提高。换句话说，就是：销售领域中的我们所有人都已四面楚歌，我们最好现在就举手认输，然后更新一下我们的个人简历去另谋生路。

是的，我承认自己在夸大其词；是的，我也知道麦当劳和其他快餐店正在安装自助点餐机来减轻柜台的压力；是的，甚至不需要销售人员的介入，很多企业对企业、低价值、高成交量的销售在网上就可以轻而易举地达成。我明白，我们处在二十一世纪，而且我们人类有了很大的进步。UPS 国际快递的司机每周好几次穿过我家门前的草坪，来送亚马逊的快递包裹。没有人会质疑，科技进步已经简化了且将会继续简化买家的购物能力。但是，对销售行业来说，这并不意味着天就会塌下来。关键词是：行业。专业销售是传递价值的人，是在客户购买之前为客户服务的人，是希望能真正理解客户需求的人，是为有效的发现性工作付出努力的人，是时刻准备为客户解决难题的人，是能够讲述吸引人的故事的人，是致力于传递有价值的成果的人。所以，销售人员不会马上转投其他行业。实际上，我合作的大部分公司都在想办法壮大而不是缩小自己的销售队伍。如果有求职者拥有我所描述的技能和价值，立马就会被录用，比 Siri 或 Alexa 说出"人工智能"的速度还要快。

◎ 强烈谴责 # 社会化销售骗子和他们的空头支票

在我提到过的所有潮流和运动中，从来没有一个像 # 社会化销售推广得这么好，而且受到了它的自诩为创始人、运动领袖和"专家"们最坚决地维护。这个社会化销售的"#"号标签是我特意注明的，虽然我是以一种开玩笑和轻松的方式来使用的，但它之所以存在是因为社会化销售领袖把它放在了那儿。它是一种自我认同，而且某种意义上讲是这场运动本身的商标或标志。实际上，最重要的面孔和最突出的声音之一甚至把社会化销售用作自己公司的名字。

该赞许的还是要赞许。社会化销售运动的营销很出色，而且很有效。社会化销售的星星之火很快燎原般铺开，变得十分流行。不管你走到哪儿，人们都对社会化销售感到兴奋，而且理由充足。社会媒体极其有力，而那些控制了社会频道平台建设的媒体则大力推广社会化销售，因为它们特别明智地认为社会化销售将会获得大批拥护者。再说了，谁不希望这是真的呢？如果不用进行客户开发，只需要发微博、链接和评论就可以完成销售工作，我为什么不点击这个快捷键呢？

对我来说，真正奇怪的是我热爱社交。我不仅相信社交，而且在过去的十年里，我通过特意参与社会化平台获益匪浅。我是社交平台的拥护者，也是一个重度使用者。但是，这个但是很重要，对销售人员来说，社交并不是社会化销售品牌的领导者所宣称的那种魔法子弹。社会化销售的最终结果和那些试图靠散播它的好处为生的人所做的承诺差之千里。更让人担心的是，很多社会化销售"专家"不但缺乏信誉和个人的成功记录，他们为了推广自己，甚至宣扬传统销售方法无用这一危险的谬论。

我还有一个问题。如果社会化销售是万能药，可以弥补每一名销售人员在销售中的不足，是成为高效率职员的关键，那么，为什么还有这么多依赖社会化销售战略的销售人员缺乏机遇、渴求渠道帮助？如果你已经采纳了社会化销售，只需要在推特上提一提和转发一下，在领英上把简介做得完美无缺，让领英分组和帖子栏充满评论，你的渠道不应该充满新机遇吗？

如果社会化销售真如那些极力推广它的人所宣称的那样有效，为什么自称"社会化销售的开创者"会如此频繁地更换老板，甚至最近还在网上让支持者们帮着找份新工作？如果他的专业技能和授课内容如此有效，他不应该是他们公司最有价值的员工吗？不应该是其他公司的人都堵在他的门口请他帮助改善自己的销售组织吗？

如果播客式客户开发，按照他们的说法是极其无用甚至已经死亡的，那么谁来解释一下，为什么最大的社会化销售培训公司之一（也许就这一个）为了销售自己的社会化销售培训课程在自己工作描述中声称，面试者应该能够有效地利用播客式客户开发技术？

我非常尊重那家大型的社会化销售培训公司。因为和同一领域的很多公司不同，他们相信，为了创造销售机会要使用所有可能的手段和方法。他们毫不遮掩单独地依靠社交很可能不能填满他们自己的业务漏斗这一事实，而且他们还会告诉你社交也不能填满你的销售漏斗。这种诚实在销售改善行业中非常罕见。

去年我犯了一个错误，我挑战了一位海外的社会化销售和唯集客式"专家"，因为他领英上的文章越来越讨厌和虚假。他不仅取笑并努力让那些使用传统手段的人难堪（在我帮腔之后，他很快就来辱骂我），还组织了稻草人辩论，将客户开发重新定义为另外一样东西。这是一个"专家"来证明一种方法的最佳样板，在过去的几年里这种方法四处蔓延。我可以整本书写满几十个甚至几百个类似的案例。我并没有特别针对这个人，但是他的思维方式和写作代表了一种非常普遍的方法，而且他的敌意让他很容易暴露自己的愚蠢。

这位"国际畅销书作家"的书在他自己的国家共计只有四条亚马逊的评论。他在领英上的一篇文章中丢了一枚"真理炸弹"，他提醒"这会让一些人不安！"（他的感叹号）。在这个"真理炸弹"中，他说未来成功的销售人士将绝不会冒着"打扰"潜在客户的风险，使用像邮件群发、自动拨号器和电话推销这样"无声的延伸"手段。

他的文章完全是夸大之词与下流之语。你明白这家伙在干什么吗？他在试图把任何形式的客户开发或者主动的延伸服务等同于垃圾邮件和电话推销。这不仅仅是不公正的，而且是错误的和荒谬的。让我们摊开了说：这其中有很大的不同，电话销售人员只是通过自动拨号器随机打电话，而专业销售人员则是通过战略性地确定目标客户并主动地与那些战略选中的潜在客户进行联系。如同黑夜和白天、苹果和橘子，完全不能相提并论。我从来没有见过一个公司让销售人员盲目地进行电话推销。

让我再对他宣扬的某些言论提出异议。未来成功的销售人士绝不会冒打扰潜在买家的风险？真的吗？"绝不会"是一个很强烈的词，你不觉得吗？而且它还不准确。我不能为未来辩护，因为我生活在现在，但是我可以指出，今天有很多顶尖高产的销售人士都参与完善了打扰客户的艺术。这些高效能的销售猎人有什么共同点？那就是完全致力于获取和目标客户进行早期的发现性谈话或会议。如果赢得一场这种非常重要的会谈要冒着打扰买家的潜在风险，那又何妨？这就是生活。诚实地讲，这是销售行业的一部分，除非你生活在一个乌托邦式的虚构世界里，在那儿你可以不断得到很多预约和高质量的抢手线索，比你自己可能想要得到的还要多。

伟大的销售猎手在追寻潜在客户的时候，会学习如何把被认为是打扰的风险最小化。但是，这种风险的存在并不能阻碍他们主动猎求新业务。如果阻碍了，我只能说他们也许不适合做一名真正的销售。当然，这是非常靠后的某章的主题。

继续回到我们"专家的"真理炸弹，后来在那篇文章中，他通过引用受人信任的营销专家和享有盛誉的作家 Seth Godin 的话，进一步推进了自己言过其实的论点。Seth Godin 说：

"向那些真正想听你说话的人进行推销，而不是那些老是打断你说话的人。"

废话！谁会对此有异议？当然，能够争取到一"群"客户、合适的线索和引荐总是好的。但是，在这种语境下，引用像 Seth Godin 这样的传奇人物的话是很狡诈的。而且，这正暴露了在社会化销售和唯集客式的讨论中这些"专家"从未处理的巨大漏洞：那些没有合适线索和足够机遇的销售人员应该怎么办？是的，有一群忠实的拥护者追着你寻求信息和帮助肯定会特别棒。但是，如果你的工作是销售（我很确信，这是每一名销售人员的工作），并没有人举着手请你卖东西给他们，要怎么办？难道只是在推特上发更多消息？发更多博客？

这是个很棒的问题。我很开心你提了出来。出奇的是，仍然另有一部分社会化销售"专家"乐于提供答案。他们断定，要想成为一个可靠的销售人员，你必须要有自己的内容和知识产权输出。我读过很多这些误入歧途的家伙写的文章。他们毫不知耻地告诉销售人员，如果他们不打电话而是发一些博客帖子或者拍摄一些视频传到 YouTube 上的话会更加高产，状况也会更好。请再读一遍这句话。我想让你知道，有很多自称销售专家的人四处奔走、表情严肃地宣扬，所有的销售人员都应该制作内容，大部分销售人员都应该写作和发帖子，而不是应用传统的销售手段，比如打电话请一名潜在客户拿出二十分钟跟你见面。

这种情况让我哑口无言，因为很难知道具体从哪儿开始反驳。真实情况是，只有很少一部分的销售人员擅长写作，更不用说为公共读物而写作了。这算不算一种反驳？我的本意并不是想羞辱大部分的销售人员，只是简单地陈述这一事实，因为我读过很多销售人员的邮件和提案，很明显，写作可能并不是他们的强项。

当我质疑这些"专家"鼓励销售人员制作内容而不是进行客户开发时，他们经常回过头来说我虚伪，因为我通过制作内容和输出知识产权而获益。表面上来说，我理解这种控诉。实际上，这是我单项价值最高的活动，而且我收到的很多唯集客式的需求也因此而产生，其次才是和那些可能买我东西的人进行交谈。但是，这正是我们道路产生分歧的地方。

我并不是一名为某个公司工作的销售人员，而是一名凭借着自己的知识产权而被雇用的顾问和作家。我的工作就是制作其他人可以消费的内容。所以，从内容制作的角度把我这个行业中的人拿出来做例子来证明销售人员应该做什么是不公平的，也是不准确的，更是毫无益处的。总之，我作为一名内容的制造者和分配者所取得的成功是很没有说服力且具有误导性的使用案例。我请求销售人员不要以我为榜样，不要做我做的事情，而是去追随那些在相似的岗位上取得最大成功的人士的脚步。观察你公司或你所在行业中的那些顶尖高产者为了确保得到早期会谈在做什么，然后模仿他们的方法——不管是通过电话进行客户开发、参加协会活动或者贸易展、请人引荐，还是一些其他的方法。即使你发现有销售人员在类似的岗位上通过制作和出版他们自己的内容而取得巨大成功，但是我依然高度怀疑采用这种方法会对你有用。

那些提议强烈的人（"专家"）完全无视事实，或者完全意识不到他们推广的东西是多么荒谬，让我再提供一个更极端的例子。这个例子会很好地说明人们有时候是怎么只通过自己的视角看事情以至于不能看得很清晰的，因为他们的生计是完全依赖于他们看事情的角度的。有家公司鼓吹自己的创始合伙人都是世界一流的社会化销售专家。上个月，这家公司的首席销售官发了一个帖子，内容很奇怪，在我看来简直就是自我抨击。我这辈子也不能理解，这会是这家"数字销售转型"公司想向市场传递的信息。

这个帖子发布在领英上，还附有一张这位首席销售官站在封面是 Kylie Jenner 的那期《福布斯》杂志前的自拍照。这位首席销售官向那些可能对社会化销售持观望态度的销售领导发起挑战。他引用了《福布斯》杂志对 Kylie Jenner 的评论文章，Kylie Jenner 的资产净值将要超过 10 亿美元，文章中她把自己的成功归功于她对巨大的社交网络的影响力。他想用这个奇怪的案例来说明，面对 Kylie Jenner 惊人的成功，怎么还会有人怀疑社会化销售能否实现真正的销售。这篇帖子最后略带讽刺地总结，Kylie 不需要通过电话销售来达到 9 亿美元的资产净值。

朋友们，我向你们展示了这位首席销售官最原始的想法，而他则代表了一家满是社会化销售专家的公司，这些专家承诺会改变你的销售努力方式。

我不知道从哪儿开始解构这篇帖子。它是错误的、廉价的、愚蠢的，是画蛇添足的、明显居心叵测的，是危险的。它很好地证实了为什么我们要特别警惕这些"专家"，它也是一张脱离了我之前提到的现实和真相的完美画面。

谁能来解释一下，一个依靠社会媒体存活的二线明星的资产净值的飙升为什么以及如何能作为一个合适的例子来说服销售领导者的员工应该倾注全力进行社会化销售，或者销售人员应该摈弃客户开发而使用 Instagram 和推特？难道 Kylie Jenner 的财富就是宣称社会化销售可以实现"真正的销售"的基础？难道她就是那些想成为高产出、企业对企业的销售人员的榜样？

我很想看到这位首席销售官和他的公司如何把他举的例子和医药销售代表的相关性合理化，或者是跟我的国防承包商客户的销售团队、跟工程机械代理商、跟向区域总代理推销 3M 研磨材料的销售人员甚至是跟我的那些在数据分析或生态解决领域的时尚科技客户的关系合理化。

这个"专家"简直浅薄和无知至极。我很感谢他在我写这本书的时候发了这篇帖子，因为这是一个礼物。如果没有看到这篇帖子，我不可能有胆量指责一个人宣扬这么愚蠢的东西。这就是你能从这个自称在数字销售转型领域领先的公司中得到的：如果你想成为一名高产出的销售人员，先生们，女士们，Kylie Jenner 就是你的榜样，你最好开始提高你的自拍水平。是的，祝你好运。别忘了让我了解你进展如何。

偶尔，也有人在网上问我为什么这么反对和讨厌社会化销售。所以，我需要提醒读者，我的愤怒并不是直接针对把社会化销售作为方法论或者作为你进行主动销售进击时的组成部分。我恳请销售人员们去使用任何一种可能的合适、有效和不违道德的手段进行销售。让我再说一遍：我喜欢社交。我是社交爱好者。我从中受益匪浅，很多销售专业人员也可以。我义愤填膺的对象纯粹是那些"专家"和他们误导、伤害销售团队的胡言乱语。不管这位海外"专家"是否做了不准确、不自量力的总体陈述和断章取义地引用了可信信息，这位竭尽全力希望说服你 Kylie Jenner 的方法能够推动你的销售战略的首席销售官或者其他宣扬这种愚蠢言论的人都应该得到质疑。

第 3 章
销售中所谓的"57% 理论"并非真理

是的，我们需要特别警惕今天的销售"专家"，在他们引用数据或者只是宣扬可信度的时候更要加倍小心，尽管他们都是榜上有名的"顶尖影响力人士、博主、顾问或作家"。

请叫我怀疑论者，但是我能感受到马克·吐温在强调这句引用自英国首相本杰明·迪斯雷利的话时的感受："世界上有三种谎言：谎言、该死的谎言和数据统计。"在过去的几年里，受欢迎的销售文章里都塞满了各种各样的数据，这些数据与销售、销售人员、买家和其他你能想到的东西有关。诚实地讲，我很难跟得上这么多专家引用的销售研究，更难去相信他们引用的"研究论文"。

◎ 全部数据的 99% 只能讲述故事的 49%

没有人比 RonDeLegee Ⅱ 在《穷绅士》（Half Full Publishing Group, 2011）一书中说得更明白：全部数据的 99% 只能讲述故事的 49%！这句话说明了一切。每次看到有专家带着议题，希望通过引用最爱的研究来说服你使用其方案，从而解决你的销售问题时，这句话贴切地表达了我的感受。它是夸张的、简化的，是高度透明的，但同时诚实地讲，也是没有价值的。

David Kuenzle 是我们领导小组的导师之一，也是我的朋友，并且是一位有才华的、以圣路易斯为基地的顾问。他经常警告我们，要提防依赖平均值的危险。他开玩笑地说，如果你一只脚踩在冰块上，另一只脚在燃烧的炭块上，那么，平均下来，你应该感到很舒服。我们会毫不犹豫地认为这个理论是荒谬的。但是如果有一家知名的研究机构开始研究这个问题，然后得出一个报告，坚决地宣称，"据观察，那些一只脚在冰块上、另一只脚在热炭上的人有 57% 确实感到舒适"，你会怎么看？我们会对他们的研究买账吗？当然不会。我们有脑子，也有经验。不管做这项研究的这家机构有多可信，它的作者有多好心，以及这项报告写得有多好，我们都不会相信在那种情况下会感到舒适，因为那完全说不通。

所以，请解释一下，当商业调研与分析公司 CEB 在《挑战者营销》上宣布，它的研究表明，在购物流程中买家在与销售或供应商交谈之前就会完成购买流程的 57%，为什么销售咨询行业不仅把这一百分比当作真理而接受，之后还会毫不质疑地开始利用这个数据来推进它们自己的培训、解决方案或议题？

在过去的七年里，57% 这个数字在销售行业里一直是最被滥用和误用的数据。并随着团体思维的到来，这个数字被翻来覆去、不断重复，并被当作真理而接受，就像我们接受地球是圆的这个真理一样。

之前不管我去哪儿，总有销售"专家"引用 57% 这个研究。今天依然如此。

从一开始，我就觉得它是不正确的，而且经常在公开场合这么说。我倒不怀疑这个研究是正当的，而且那些作者只是在汇报他们的研究观察成果。他们不是那些持有议题的人。但是因为我有双眼可以看，有双耳可以听，而且在多个不同行业（和不同地域，不仅在有很多销售精英和新专家居住的波士顿和硅谷）有客户可以了解，我本能地知道这份报告中有漏洞和偏见。为什么？因为在我合作的那么多公司中，只有当销售人员懒惰、被动地坐在椅子上，等着客户主动来找他们的时候，这些愚蠢的数据才会被证明是正确的。换句话说，也许在很多情况下，买方在与销售人员联系之前，平均会完成 57% 的购买流程，但是当销售人员在买方购买之前主动、有战略地追寻目标客户时，肯定不会是这种情况。在很多情况下，我的客户的销售团队会在买方购买流程进展到 10% 之前或者有时候在买方开始购买之前，就会开始寻找潜在客户。这些主动、聚焦新订单的狩猎者出来寻求创造新机遇，而不是简单地等待已完成 57% 购买流程的买家对他们的召唤。

奇怪的是，并不是出版了这份研究报告的人在一直不断地误用这个结论，而是其他销售专家在扭曲这份数据从而使之符合他们自己充满偏见的叙述。诸多荒诞言论——我敢说就是谎言——中最危险的内容之一是由那些滥用这份研究的骗子创造出来的，他们说，进行客户研发或者追寻你的目标客户都是没用的，因为"他们在完成57%的购买流程之前不会和你交谈"。

读到这儿的时候，请和我一起摇摇头，想一下这个场景有多么荒谬：一个经理或者是主管（如果需要）坐在桌子后面，面前摆放着标记买方购买流程的示意图，上面正显示着在57%的位置有个巨大的防火墙。而在这面防火墙之前，买方被禁止与一位能帮上他忙的销售人士会见或交谈。这太可笑了。我们都知道，这种程式化的购买流程像彩虹一样稀有，而那些确实有这样一个购买流程的公司肯定不会限制它们的经理、主管甚至是采购专员与一个最终可能能够提供视角、观点、选择或者进行其他价值传递的销售人士进行交谈。

这个被滥用和误用的数据让我这么生气的原因，除了它不是正确的这一事实以外，还因为它伤害了销售人士，特别是那些正在努力挣扎、渴求答案的销售者。当这些正在挣扎、轻信（或者懒惰）、所知不多且渠道匮乏的销售者在一次社会化销售或集客式销售营中听到了一个突出、充满蛊惑的声音在引用这个57%的数据并嘲笑那些想拿起电话给潜在客户打电话的人时，糟糕的事情就发生了。

想象一下这种情况。这名销售很可能本来就不喜欢传统的客户开发，因而和很多其他销售一样，他不乐意打电话。他知道自己的渠道中没有足够多的机会来完成指标，但是当他想重新振作起来、准备有所作为时，却错误地读了领英上的一篇文章。而这篇文章宣称，客户开发已经死亡，打电话已经不再有用，买方不会在完成57% 的购买流程前理你。所以在这个重要的决策时刻，他开始想，为什么要这么麻烦呢？那么他不会采取一些真正有成效的做法，比如给潜在客户打电话，而是退回去完善自己的领英档案、评论帖子、转发其他人的内容，甚至抱怨公司没有为自己提供足够的线索。这种糟糕的情况就是为什么我选择进入竞技场、公开反对那些用荒诞的说法和偏见来伤害销售者的人，尽管他们声称是在提供帮助。

◎ 反驳 57% 原理的研究报告

直觉和个人观察迫使我质疑这个 57% 原理的真实性以及那些因它的广泛接受而受益的人。说来有趣，虽然我本能地知道它不可能是正确的，但是当更多的近期研究出现，描绘出一幅完全不同的画面的时候，我还是松了一口气。你能想象得到，当更新的研究出现，支持我们这个战壕中很多人的观察结果时，我有多兴奋。

2015 年，OpenView Labs 让我写一篇文章[①]，来回应 SiriusDeccisions 发布的它自己的一项深入研究的成果。它揭穿了 57% 的假象，并揭露买家实际上从购买旅程的最开始到结束（尽管这三个阶段被

---

① 详见：https://labs.openviewpartners.com/67-percent-buying-process-before-sales-myth/#XJJihS2ZOnM。

SiriusDeccisions 称为"教育""解决方案"和"选择")都和销售员有联系。他们的研究观察了 1000 位企业对企业主管的购买行为，在之前的 6 个月里这些主管都曾参与到重要的购买决策中[1]。

SiriusDeccisions 的数据和结论与我在我的客户销售团队中见证的一切完全一致：买家在做决策的每个阶段都会和销售代表合作，甚至在半数以上的案例中，销售人员在一开始就会参与到买家的购买旅程中。在我为 OpenView Labs 写的那篇文章中，我恳请读者认真对待这份研究，并且认为，对那些想主动担责、开创自己的线索而不是坐等它们实现的销售者来说，这是一个好消息。

更让人振奋的消息是在 2018 年初，来自 RAIN Group 中心所做的销售研究。如果说我笑着读完了 RAIN Group 主席 Mike Schultz 的这篇报告，可能还显得有点轻描淡写，因为这篇报告的观点是十分重要的："之前的外部研究表明，客户在与供应商联系之前就已完成了 57% 的购买流程，而且 67% 的购买旅程是通过数字化完成的，这给了销售人员一种错误的印象，即买家在购买流程的早期不想或者不需要跟他们交谈。而我们的新研究则显示在销售流程中买家早就想与销售人员交谈，并揭露了很多常见的荒诞之言背后的真相。"[2] Mike Schultz，说得好！

RAIN Group 的这项研究横跨了二十五个产业，证实了有 82% 的买家接受并主动找他们的销售人员进行会谈，而且有半数以上的会

---

① 研究摘要详见：https://bit.ly/2DmPAp8。

② 详见：https://bit.ly/2FAmTY0。

谈是销售人员通过电话和电子邮件发起而确定的。对于那些被劝说传统销售已经死亡的人，我鼓励你们重读一下上面那句话。我知道，因为传统不是新鲜或者时髦的东西，所以这些数据在互联网上不值一提。但是，如果在过去几年里你被新废话荼毒已久，这个不同的视角也许正是你需要的。

我之所以十分反对以数据 57% 为基础的滥用纯粹是基于常识和个人观察的结果，所以，当很多研究出现来支持我们大多已知的事实时，我松了一口气。要明确的底线就是，你需要高度怀疑今天的 "专家"，加倍怀疑他们引用的数据；当他们引用自己被提名为 "顶尖销售（有影响力的人、顾问或作家）" 以获取信任时，你甚至可能要更加怀疑。

◎ 评价标准本就不同

我们所有身在销售改善行业的人都喜欢获得关注，而且我们特别喜欢被提名成为每年发布的诸多 "顶尖（可随意填写的空白处）" 排行榜中的一个或者多个。我承认，此时此刻，我很享受被这些名单提名的荣誉，并从中获益良多。这可是很好的自我吹嘘资本，而且宣称自己在这些名单中也能让你的自传更有意思。有些榜单（想成为第一名）的制造者甚至提供一些图解或者标注，让你可以在自己的网站上发帖炫耀自己的地位，以推动组织授予你这样的荣誉。

在你停下来、揭开面纱来正视这些年度榜单上的顾问和书籍之前，这一切都看起来安然无害。最近，一家知名的销售出版物公司公布了一份顶尖销售顾问的名单。很开心看到有几个我真正尊重的同行榜上有名，但是看到其他人获此荣誉还是让我感到瞠目结舌。当我浏览这份顶尖销售顾问名单的时候，我发现，和我研读很多顶尖销售书籍名单时的认知一样，即这些顾问和作者都是榜单制造者的朋友或者支持者。几个月之前，有一位被提名为顶尖销售顾问的人，是在过去几年里换了无数份工作之后刚刚回归到顾问行业的。榜单上的这些根本不是什么真正的畅销书籍或者顶尖顾问。发布这些榜单只是为了推广某个平台或者推广某些被认为是可靠资源的行业。这些榜单毫无价值。

我要传达的信息很简单：小心。小心所谓的专家，小心他们的数据，小心他们听起来好得不真实的快速捷径，小心他们为获取人们信任所引用的资源和榜单。鉴于在 2016 年吸取的惊人教训，我们甚至应该更加小心政治专家和民意调查，因为正是它们信誓旦旦（错误）地保证了总统大选的结果。

第 4 章
从 2016 年美国总统大选中获得的 7 条销售教训

作者注： 我很清楚，美国百姓从未像今天这样分裂过，唐纳德·特朗普充满争议的执政也使得客观地回顾 2016 年大选成为挑战。作为一个穿梭在世界各地的人，我感受到了世界上很多国家的公民对唐纳德·特朗普的个性、政治观点和政策的困惑以及经常性的恐惧，尤其是在亚洲和欧洲。在本章中你会读到，在 2016 年的选举投票中，我把自己写进了非推荐候选人，因为我不会选任何一个主要政党候选人。当我分享从这次大选中获取的销售教训时，我没有什么政治动机。我也不认为接下来的内容是对选举结果的综合分析，而且我也完全清楚对于这个结果有很多其他因素在起作用。我唯一的目的是，从一个销售教练的视角指出，从这次奇怪的大选中销售人员们可以汲取的重要经验教训，因为其中有太多是我们可以学习和应用的。

没有，我没有疯，而且我也不准备违反自己不将政治和商业混在一起的铁则。但是，我却总是面临着被认为"走向政治"的风险。请相信我：我不会走向政治。请记住，我是一个教练，一个不断提醒销售人员停止在脸书上发表政治观点或跟客户和潜在客户讨论政治的人，因为这样不会产生任何好结果。

我没有什么政治提案。正如你马上会看到的一样，我之前没有、现在也没有在政治竞赛中押注。但是因为在令人震惊的唐纳德·约翰·特朗普成为美国总统的大选中有太多我们可以获取的有力的销售教训，以至于我不得不把这一主题添加在一本寻求**销售真相**的书中。此外，这也是另外一个好的案例来证明所有的专家都可能错得很离谱，即使是对待这样一件人人瞩目的大事件。

让我们直奔主题，因为我能想象得到，只是阅读本章的题目就会有 97% 的美国人（甚至很多其他国家的人）情绪激动、血压快速升高。我没有选他，也没有选她。出于厌恶和抗议，我选了一位品格更加高尚之人，他的现实世界经验（也许他幻想把空军一号作为自己的私人交通工具）和对自己国家的真爱让我觉得他是更好的人选。于是，我选了我自己。

在 2016 年的秋天，"我们不能做得比现在更好吗？"这个问题成为朋友和家人常聊的晚饭话题。Brian Fogt 是我的朋友中发言最尖锐和最精辟的人之一（他恰好也是密苏里州的一流高尔夫教练和贝勒里夫乡村俱乐部的教学专家，2018 年这儿举办了第 100 届 PAG 锦标赛^①），他创造了也许是最贴切的句子来总结我的圈子里大部分人对这次大选的感受。某天晚上，我们在一家餐馆哀叹我们的选择，Brian 面无表情地说："你们知道'两害相权取其轻'这个表达吧？那么，这次大选就真的是'两轻相权取其害'。""两轻"，Brian 的说法太精辟了！

在揭开从选举中获取的有力教训之前，我想对四组特定的美国人说几句话，也许他们都因各自的理由已经准备好朝我扔石头了。

一组是那些宣称特朗普再次让美国雄起的特朗普爱戴者。他们歌颂特朗普的成就，忽略他面对现实时的粗鲁和无措。

一组是那些"再也不要特朗普"者。自从选举结束，他们每天就生活在愤怒、不知所措和极度恐惧中（他们在推特上的流媒体可以做证）。

一组是热爱希拉里的人。他们不仅相信她是这个星球上最聪明的女人，还坚持认为她才应该是总统。

一组是口吐恶言、讨厌希拉里的人。他们在政治集会上反复大声呼喊"把她锁起来"。我想说：

请停下来。请停下来，就几分钟。深呼吸。假装，短暂地假装，我们实际上是同一个团队中的同胞市民。如果可以的话，想象一下，另一边并不邪恶而且他们也许实际上聪明、体贴和善良，他们在政治长廊的另一端和你一样热爱这个国家。

---

① PAG 锦标赛是 PGA of America（美国职业高尔夫协会）举办的大赛。

再次声明，我并不是说这 7 条有力的教训呈现的是综合考虑以后的结果。我承认，有很多其他因素很可能也影响了结果，而且，当你读到这儿的时候总统人选可能已有所变化。所以，恳请你把你的政治热情和所有与大选和总统有关的情绪抛开几分钟，并开动脑筋思考这些可能导致希拉里失败和特朗普成功的原因，因为我发现，销售人员会因为同样的原因失去或赢得订单和客户。

所以，一切到底是怎么发生的？专家和民意调查怎么错得这么离谱？让人惊叹的是，就像没人认为销售"专家"应该为他们的废话和虚假信息负责一样，我们也没听说有政治权威和民意调查专家在 2016 年大选以后被解雇。如果你还记得的话，直到选举日当天，所有的民意调查中没有一个预测特朗普会赢。这又给了我们一个小心"专家"和他们研究有效性的理由。

免责声明并完全公开：我不是一位政治专家，而且在过去的二十年里，我的政治热情、见解和对政客及政党的信任已经显著衰退。我现在既鄙视美国有线新闻又瞧不上福克斯新闻，因为它们没有一个试图为我们提供纯粹的新闻，而且甚至都不再假装自己是中立的。我们已经有很长时间不再在自己家前院放标识以表示支持某个候选人了，因为我们支持的最后一个候选人在办公室里被捕了——没有跟你开玩笑。我是一个土生土长的纽约人，在中西部的核心居住了二十五年，有一个犹太姓氏，是一位虔诚的基督徒。同时，我还拥有一家很小的公司，而且被迫加入了个人家庭 ACA（奥巴马医改）医保计划；我要养活一家五口，其中包括三个同时在三所不同的全日制大学上学的孩子。我和很多公司都有合作，它们横跨多种不同的行业，包括一些在美国从事生产制造的公司。而我，则是一名评价销售的有效性和以培训销售人员为生的人，因此，很容易就可以得出，对于在销售中什么有用以及什么没用，我拥有一些专业见解和强有力的观点。所以，我来自哪里、我是谁、我做什么和相信什么、我如何获得医保以及我投票给了谁，这一切就是我的背景而且完全透明。现在，就是我这样一个人从震惊世界的 2016 年美国总统大选中提取了一些非常有力的教训，供销售人士和销售领导参考。

◎ 人们（买家）为自己的利益行事而你的消息很关键

这是销售基础，也许也是中级、高级和研究生销售教育的内容。这个和销售者没关系，而是和客户有关系。人们出于自己的考量做出购买决定，和我们销售者的考量没关系。潜在买家都有自己生活（或者企业）中的难题，这些问题占据了他们的时间和精力。在销售中，有时候我们认为这些问题是他们的痛楚。当我帮助一家公司或者一名销售人员来加强他们的信息（也就是我说的"销售故事"）传递水平时，我们花费大量时间罗列出解决方案、产品或服务可以解决客户哪些问题。你的潜在客户希望解决什么样的难题？他们寻求抓住什么样的机遇？什么恐惧让他们压力倍增或者辗转难眠？他们何时觉得自己身陷困境？什么挫折让他们丧失理智？他们最想达到的结果是什么？

销售故事是我们最关键的武器，我们稍后将在第 10 章说明这一武器的重要性以及如何让你的销售故事尽可能强有力和扣人心弦。

我一直在不断地对销售团队讲，要想提高有效性，我们除了确定要传递的信息之外，几乎没有什么可做的。这并不是什么有争议的观点，而且得到人们的广泛认同。如果想在销售领域获得成功，我们需要一个尖锐的、聚焦客户问题、有吸引力且简洁的故事。作为一名教练和顾问，我最爱的活动之一就是创造强有力的销售故事。所以，不管是在电子邮件、销售文化、语音信箱中，还是在报告、提案中，甚至是在政客三十秒的电视广告中，我都会在"信息"上花费大量精力，即使只是广告结尾傻傻的法律声明，"我是迈克·温伯格，我赞成这条信息。"

既然大家一致认同，销售的成功与我们故事或信息的有效性直接相关，那么，2016 年的总统候选人想要传递的主要信息是什么？在继续阅读之前，请停下来花一分钟的时间来回想一下，看你能否记得他们呈献给公众的大主题。现在就花一分钟来回忆。

欢迎回来。让我们开始找一下希拉里的核心信息。我特意用了"找"，而不是"看"。为什么？因为这就是她最大的问题之一！她的核心信息是什么？她在参选中直击要害的关键、吸引人的故事点是什么？

如果你还在苦苦思索她竞选的主题，就已经说明了一些事情，不是吗？事实上，她稀里糊涂且不停转换核心信息点。这确实是一个问题。最后，希拉里重要的故事点没有一个引人注目。但是我想郑重说明的是，更严重的故事问题并不是她不停转换的主题而是信息本身的关注度。

我们和她在一起。她为了我们而斗争。我努力工作。我在政策细节上下功夫。我是唯一称职的。在一起更强大。她在打破障碍。帮助她砸碎玻璃天花板。他很讨厌。"特朗普的支持者一半都是'可怜虫'。"

让我们暂时忽略希拉里最后那条信息中的致命元素。稍后我们会再回来谈这一点，因为这条信息不仅贬低竞争对手，还瞧不起那些支持或喜欢自己竞争对手的人，这对销售人员来说绝对是很重要的一课。让我们把这个不走运（但给人启迪）的"可怜虫评价"先放一边。当你单纯地从一个非情绪化、不偏不倚、评价故事的角度来回顾希拉里传递的大量信息时，你看到了什么？你觉得怎么样？最重要的问题是：她传递的信息聚焦点是谁？正如所有的买家在收听自己最爱的广播台时问自己的一样："这里有什么是我需要的？"

正是如此。不仅核心信息因为不断变化（经证实有 85 个不同的口号）而很难被复述，而且我们能记住的部分也因缺乏力量不是很吸引人，为什么会这样呢？因为焦点错了。"**我和她在一起**"很好记，而且会让人想到德怀特·艾森豪威尔总统的竞选口号"**我喜欢艾克**"，但是并没有什么实际意义。其他主题也不错，甚至还很吸引人，而且，也许从经验上讲希拉里确实是历史上最合格的总统候选人之一。但是，这些信息的点都是关于候选人的，而不是关于选民（客户）的，所以，它们不可能抓住那些珍贵的少数思想开明但犹豫不决的选民的想法和感情。

看看另一边，特朗普的信息至少就很有趣且不同寻常。不要误解，他的"故事"中的很大部分比希拉里的更加自恋、自我推销和傲慢。对特朗普来说，谦虚、自我贬低、可爱和情商绝对不是他的个人特征、主题或者工具。我不确定自己有没有见过比唐纳德·约翰·特朗普情商更低的人。我的妻子为他的每一次呼吸和动作感到难为情——不管是他在讨论他的朋友或者敌人时，还是在电视直播中从另一国家首相的西服外套上拍掉头皮屑并将这一奇怪举动告诉记者时。诚实地讲，他不时让自己最忠诚和彻底的支持者感到难为情。

让我们来看一下特朗普参选时的故事主题。首先映入脑海的是什么？

让美国再次雄起。我会建一堵墙，并由墨西哥来买单。确保边境安全。我们将限制主要的伊斯兰国家人员进入美国从而减少恐怖主义的威胁。强硬对待贸易伙伴来解决贸易不平衡问题。为制造业带来就业机会。废除并取缔奥巴马医改。抽干沼泽。减少商业管理规定。降低公司和富人的税收。我们将会再次取得胜利；我们将会赢到你厌倦胜利。我的对手都是傻瓜，而且他们都该有个标签（小马尔科、昏昏欲睡的杰布、撒谎的泰德、狡诈的希拉里）。

每个人，请深吸一口气，然后再呼气。这样一个故事主题单子，很容易引起不同人非常不同的反应。尽管如此，这些都是特朗普参选的大主题和持续论点。它们几乎从第一天开始就没变过。他前后特别一致且焦点集中。一个好的销售故事必须前后一致且焦点集中，而他的主题很明显就是这样，甚至更好。如果你听过一次特朗普的竞选演讲，你就能一次性听全。

特朗普的"故事"不止是前后一致，他的"故事"还利用了很多美国人不管是民主党还是共和党都会第一时间想到的热点问题。虽然里面确实吹嘘了很多他个人的成功和财富，但是一提到特朗普的竞选，你肯定会立马想起**"让美国再次雄起"**（很可能还会想到特朗普戴的那顶难看的红帽子）。

不管你是否喜欢特朗普，都不会质疑这条信息中的焦点，因为它直击客户。他不停地敲起鼓，提醒选民他会处理那些大问题——其中很多都是他们最担心、害怕和需求的。

就算对我自己来说，我也希望美国能更好。对于增强我们的军队实力，我乐意听到更多；我也很担心奥巴马总统削弱了美国在世界舞台上的地位。和很多亲眼见证了发生在美国土地上的恐怖主义行径而变得害怕的美国人一样，我当然希望通过阻止潜在的恐怖主义者来到美国从而让自身受到更好的保护。虽然我并不欣赏特朗普的口气和他将移民与难民一刀切的做法，但是我坚决相信，总统的首要职责是保护我们的国家。从商业的角度来看，因为与国内制造和生产重型设备的公司有合作，一想到贸易竞争领域会更加平坦而我的客户可以与进口商品更加公平地竞争，我就觉得他的提案很有吸引力而且跟我密切相关。而且，我能感受到很多产业的需求之所以被抑制，某种程度上是因为奥巴马执政期间的强硬措施、附加条款和不时公开的反商业言论。另外，对我个人来说，还有一个动因是有人愿意为政府任命的"市场"、非常普通又"平价"的医保计划花上一大笔钱，因此，特朗普废除和取缔奥巴马医改计划的承诺从第一天就获得了我的关注。

再次提醒一下：我并没有选他。我不支持他的无阶级行为和排外的浮夸之词。我只是单纯地从一个销售教练的视角来指出，特朗普传递的信息有效性要甩希拉里一公里远。我们都知道而且理解他的"故事"，甚至我们能够复述。对于很多在中间摇摆不定的选民来说，特朗普兜售的问题在他们信息捕捉雷达的前面和中心。毋庸置疑，买家做决定是为了增进他们自己的个人利益，而不是卖家的。

想一下你的销售故事以及你向客户和潜在客户传递的信息，这些信息是以你为中心，还是聚焦在客户们深深关心的问题上？

◎ 不要将长期、忠诚的客户视作理所当然

并不是说因为在过去的几十年里他们都从你这儿或者你的公司买东西，就能确保他们下一次还从你这儿买。环境在改变，而且处在关键位置的人们也喜欢深思熟虑。有时候，最忠诚的客户能够感受到他们之前信任的供应商已经失去了优势或者更糟糕的是已经变得自满。可以这么说，这种情况完全符合 2016 年之前一直忠诚地为民主党派候选人投票的铁锈地带州区 [①] 。

---

① 铁锈地带（Rust Belt）泛指工业衰退的地区。美国铁锈地带州区指的是美国东北部五大湖附近传统工业衰退的地区，主要城市有匹兹堡、芝加哥、底特律等。

　　写到前面这一段的时候，我想起来了在我职业生涯很早期就非常强大的美国联合航空公司的广告。那是一个发生在 1990 年被称作"演讲"的一分钟场景。一家公司的老总召集了所有的关键合伙人，告诉他们说他接到了一个电话。这个电话来自他们最老的客户之一，电话中客户决定在跟他们合作了二十年之后终止合作。这位老总说："客户说他不再了解我们了。我想我知道为什么。"然后对于他们和客户没有足够的面对面交流，他表达了自己的不满，同时也对太多的商业交流是通过传真和电话完成这一事实表示后悔。接着，这位老总继续告诉他的团队："我们将开始与我们的每一位客户进行小型的面对面交谈。"之后，他的助手就开始向屋里的美国人发放设计不错的老式美联航纸质票，同时响起了美联航的主题曲。这确实是一则经典的广告。当我在 YouTube 上观看的时候，我差点窒息，因为我内心里的销售灵魂在狂叫："对，就是这样！"

　　中西部北部地区民主"蓝墙"的倒塌不只是因为特朗普宣称要为美国制造业带来就业机会，这面备受信赖的"蓝色"[①] 州区高墙之所以倒塌，是因为希拉里实际上在某些时候几乎完全忽略了这些州，以至于最后它们倒向了特朗普。

　　《威斯康星州杂志》报道说，希拉里是 1972 年以来第一个主要政党总统候选人完全忽略威斯康星州的。希拉里甚至连基本的礼貌都没有，从没说过谢谢你、我在乎你和你的需求，以及我需要你的

---

① 美国国内政治中，蓝色代表民主党，红色代表共和党。

选票。从来没有。威斯康星州其实是特别可靠的"蓝色"——至少从 1984 年罗纳德·里根赢回了它的 10 个选票开始就是——以至于希拉里在那儿竞选没有感受到一点压力。最后,特朗普以 70% 的比例赢下了威斯康星州。

我常常是第一个提醒销售人员不要过度服务现有客户的,而且告诉他们,如果他们花更多时间进行潜在客户开发,他们可以获取更多销售订单。我知道,这很有难度。虽说把更多时间花在新业务上会创造更多的新机会,但是希拉里把这一理念发挥到了极致。在过度服务和完全忽略之间有着巨大的分歧!她因为把传统上忠诚的民主党选民视作理所当然而付出了惨痛代价。我保证,之后不会再有总统候选人犯这样的错误,而我们销售人员则需要以此为鉴。至于客户从你这儿买了多长时间东西或者你最好的客户一直以来有多忠诚,这些都不重要。事情是会变的:你最好的门路会继续有效或者被撤回,内在的驱动力会转换,竞争对手会进入市场。所以,忽略你的长期客户就是在以身犯险。希拉里这么做了,而这也许就是导致她整个竞选失败的原因。

◎ 潜在客户和现有客户并非一直对你坦诚相待

之前,没有一个民意调查预测到特朗普能够赢得总统大选。甚至很难找到一个权威人士敢为特朗普大胆加油助威。虽然没有民意调查指出这一结果,但是在大选日结束之后,权威专家却写了读都读不过来的文章来解释为什么民意调查的结果是错的,并提出了很多听起来很有道理的理论。

我所相信的最精确的一条理论是人们不会简单实在地在民意调查时说实话。除了我的个人直觉，最好且有趣的证据就在我自己家所在的街区，这条街就处在被人们称作西郡的圣路易斯郊区。

我之前就提到过，在大选期间我们家没有在院子里放任何政治性标识。而我没有提的是，我们家也许是这条街上唯一一家没有院标的。我们家邻居就是严重的右派。其实，说严重可能还不够，超级也许是更能准确描述我们家邻居政治保守性的词。不管在什么选举季，我们这条街上总是有几十个院标，其中 90% 都是支持共和党候选人或者共和党事业的。跟你分享了这些之后，你愿意猜一猜我们街上这三十个家庭的草坪上有多少支持特朗普的标记吗？完全没有。没有一个人公开承认他们选了特朗普。但是大部分人实际上都选了他；他们是悄悄地告诉我的。这个处在美国中西部的郊区的小例子足以说服我，人们在 2016 年大选的民意调查中拒绝说实话。

我们从中可以获取的最大的销售教训就是，我们不能自动地认为从潜在客户和现有客户那里听到的就是真的。可能是真的，也可能部分是真的，也可能完全是假的。并不是说，大部分买家故意撒谎。有时候，他们只是太过善良（心软），担心他们如果从别人手里买东西或者他们反对我们的解决方案会伤害我们的感情。或者，因为个人的原因或者出于对个人利益的考虑，他们更愿意谨慎行事。或者，跟我的邻居一样，他们已经做了决定，但是觉得没有义务告诉你。或者，很可能他们对自己的决定并不满意，不想跟你分享。

不管是出于什么动机买家不跟我们说实话或者不够开诚布公，我们都需要努力去挖掘出客户的世界真正发生了什么——更加明确地知道他们怎么、什么时候和为什么做决定。我们必须学会怀疑表面的回答。我们还应该力求在客户的组织内部与更大范围的人们建立关系，这样，我们就不会最后被搁在一边或者只有一条门路。我们必须更好地理解他们的内在购买文化和我们所面对的竞争对手的境况。而且，对销售有益和值得推崇的是，我们必须、必须、必须打更多有效的销售电话，更好地了解潜在的障碍和异议，以免在以后的销售过程中被绊倒。最好的发现客户异议的时机一直都是"现在"。实际上，最自信和最有经验的销售人员总是主动将他们觉得可能会阻碍客户签约的问题提出来。

◎ 合约总是赢在重要展示之前和之后，而不是在会议室或会议中心

你可能觉得我很奇怪，但是我真的很期待观看大型政治会议。每当这个时候，代表们聚集在一起，营造出一种很盛大的氛围，然后正式选出在大选中可以代表自己政党的候选人。也许满眼都是可笑的帽子、夺人眼球的标语或者只是各式各样的美国旗帜，但是我喜欢这种会议特有的热情、自豪感、激情和戏剧性。

每四年，有一件事情是确凿无疑的：在会议质量上，民主党代表大会明显超出共和党代表大会。甚至远远不止。不确定是不是因为民主党有太多好莱坞精英的支持，但是不管什么原因，他们的会

议质量甩出共和党一大截。这一点在 2016 年更是凸显得淋漓尽致。

2016 年 7 月，共和党代表大会在民主党派前一周举行，这种安排让人没办法评价：太糟糕了。并不是说共和党代表大会起伏太大、结果太差而且缺乏闪光点——虽然它确实是这样，而是因为它根本没什么用。特朗普那有争议的本性、缺乏条理和对细节避而不谈的特点全都在电视上展现了出来。开幕之夜的特邀发言人是情景喜剧《欢乐日》中有名的 Scott Baio、肥皂剧演员 Antonio Sabato Jr. 和《鸭子王朝》的 Willie Robertson。没有印象？好奇这是不是特朗普能找到的最好的发言人？我也一样。

这次大会的代表缺乏最基本的团结和一致。他们不仅没有联合在候选人的周围，而是让人觉得他们之间的战争还没结束。作为特朗普最有利的竞争者之一、参议员 Ted Cruz 甚至在大会的第三个晚上还发表有争议的讲话不支持特朗普。不仅如此，他还变得很无赖，告诉选民们凭着良心投票，故意冷落特朗普。完全不是在普选之战中你期望听到的行动呼吁。这次大会就是一次失败，甚至是惨败。当特朗普被选出时，民意调查毫无波澜。如果说这次大会是在一位潜在客户的会议室里进行的试图赢得一笔大订单的重要的"最后展示"，十个人都会把它评为最低的 F 等，甚至会有人认真考虑要辞掉组织这次会议的销售人员和销售经理。

而另一边，接下来那周的民主党大会则毫无瑕疵，有着你能想象得到的高效且闪耀。发言人痛击特朗普，而不是攻击彼此或者他们自己的候选人。希拉里最后成了候选人，参议员 Bernie Sanders 强烈支持她并鼓励自己的热心支持者也这么做。最后那一晚也精心策划得让人激情澎湃，就像一场百老汇大片演出。对于这样一次大会，任何一个公正的观看者唯一能给出的评价就是 A。这就是一场本垒打。

尽管如此，在这样一次引人瞩目的大会之后的三个月，希拉里在十一月份输了。

在诸多销售教训中，我们能从上述事件中获取的，也是我最爱的就是：展示不等于销售。在很多情况下，展示只是整个销售流程中很小的一部分，但是它的重要性却通常被夸大。

和很多高谈阔论、舌灿莲花、自以为是且光鲜亮丽的销售人员所相信的相反，很多大订单并不是通过在会议室里做出漂亮的展示报告而赢得的，它们是由专业销售人员在报告之前而且常常还要在演示之后尽心尽力工作赢得的。

尤其是在更加大型、复杂和长周期的订单中，有优势的销售人员是那些做了最好的发现性工作、与最多的股东和有影响力者会面的人，是那些最能理解不同选民的所需和所求的人，是那些构建了最好的关系和最多的共识的人。而所有这一切，都在展示之前。上面的话值得多读几遍，甚至可以把它当作一个订单战略备忘录。大多数销售人员会略过所有那些困难的工作，要么是因为太懒，要么是不知道怎么做。相反，他们依靠本能，觉得他们能用自己高超的报告水平让客户惊叹。

正如 2016 年的政治会议所显示的，在大舞台上遥遥领先并不意味着必然会赢到最后。

◎ 不要做出虚假承诺，也不要让你的产品名不副实

当我让你特别关注这一教训时，希望你能有耐心。因为这一点是很私人的。也许基于先前内容，你已经感觉到了我接下来会谈这一点。

客户会注意销售人员许下的承诺，并愿意相信产品的名字就代表了正在推销给他们的产品。这样想并没有什么不合理的，不是吗？好吧，作为一名民主党平价医疗法案（奥巴马医改）的"市场"客户，我可以毫无保留地讲，这个产品（项目）的名字和事实相差甚远。稍后我会和大家分享我个人花费的金额，让你来判断它是否平价。而且，这一诱购的受害者不仅仅是我这样的个人买家。在奥巴马医改施行以后，我有很多朋友和客户企业主都看到他们的健康保险保费在过去的四年里剧增。他们经历了每年 25% 的保费增长。如果你算一下就知道，他们为雇员支出的健康保险福利花费已经翻倍。这平价吗？

我体会到了那种在政府设计的网站上申请一个个人家庭计划的开心。我不会再跟你提那次美妙体验的具体细节，因为你已经知道了那会是一种怎样的愉悦。但是我一定会让你看一看为了能够获取一个特别大众的市场标准计划的权益我所花费的现金。我们一家有五口人，包括两个五十岁的老人和三个年龄十八到二十二岁不等的孩子（参保人现在的健康状况和之前的状态毫无干系，而且他们问都不问），全家每年的保费是 29000 美元。这个平价计划有着极高的自费额，最多需要 14000 美元现金。我个人要为了这些健康保险项

目给一家保险公司写一张 29000 美元的支票，而且在我支付另外的 14000 美元自费额之前收不到半点红利。事实上，为了获取一个政府赞助和授权项目的权益，我需要为我的家庭医疗保险支付 43000 美元。这就是你看到的"平价"医疗计划。

我不需要你拿出小提琴悲伤地演奏或者为我掉眼泪。但是，我真的希望你能感受到我们很多人用自己的血汗钱最终为奥巴马医改买单时感受到的愤怒。

我还要请你不要直接得出有关我个人价值观的结论，或者有关我可能对公民医保权利的感受，或者政府规范医保时扮演的角色等结论。因为在这个话题上，我也是很心软的。我觉得，在一个像我们这样强大、富裕和先进的国家里，不考虑支付方式和能力，所有人都应该拥有医保。但我同时也是一个现实主义者。当有人觉得奥巴马医改方案公平或者平价的时候，我只能摇摇头，并特别疑惑怎么会有人这么想。和其他真正见到和理解为这个健康项目付出了什么的个人和小企业主一样，我满腔愤慨。所以，等到了 2016 年大选，有一个候选人说到会发展奥巴马医改而另一个则许诺废除和取缔它时，我能强烈地感觉到为什么和我在同一条船上的人们会投特朗普。

由此可获取的销售教训是什么？那就是不要向你的客户承诺你给予不了的东西。人们记性都很好。奥巴马总统和国会中的民主党人士在兜售这个医保法案时，非常清楚、大声和频繁地告诉我们，我们可以因此继续保有我们原有的医保计划，医生也不会变，保费会保持在可控的范围内甚至会减少，而事实恰恰相反。

因为特朗普承诺将废除和取缔奥巴马医改作为其执政生涯一开始的头等大事，在接下来的 2018 年中期选举中，能看到多少共和党的老油条和特朗普一起承担这一许诺的后果是很有意思的。这个承诺我记得很清楚，而共和党实际上在这上面败得一塌糊涂。

告诉你的客户真相。公开透明是最好的商业法则。在试图赢得生意时，不要做出虚假承诺，也不要让你的商品或解决方案名不副实。

◎ 贬低竞争对手的支持者反过来会困扰你

向你的竞争对手扔石头是一回事，虽然我并不赞成而且通常还会极力避免这么做，即使有时候客户诱使你这么做。但是，不尊重那些支持你的竞争对手的人则是完全不同的另外一回事。

我确信，希拉里和给她写演讲稿的人肯定因为想出了"特朗普的支持者有一半都是可怜虫"这句话而感到很兴奋。我敢打赌，她会很兴奋地用这句话来煽动她的民众基础和支持者。看到疯狂的特朗普支持者在他的竞演中痛殴反对者以及几乎大发脾气地吼叫"把她关起来"时，我保证，希拉里希望通过指出这些卑劣小人动物般的行径而受到称赞。所有这一切都可以理解，但是不知为什么这些政治天才没有一个考虑到，一个想成为美国领导人的女人公开贬低四分之一的人口可能引起的严重后果。

当你攻击你的竞争对手的时候，人们也许为你找个借口，因为这是人之常情，尤其是在政治中，这也是游戏规则。尽管如此，当你对他们个人进行嘲弄的时候，人们并不会很快忘记这件事情或者原谅你。希拉里一旦说出了这些话，就再也收不回去了。在剩下的整个竞选过程中，她一直在防守，努力重申她那句话的含义，试图将伤害最小化。但是，那些用词却相当露骨地揭示了她的真实感受，并正中对手下怀且为其所用，他们认为希拉里不仅感受不到很多美国人的观念、痛苦和恐惧而且还非常鄙视他们。

要想把这个教训应用到商业中，先想象一下，你为了自身重大的发展前景正在努力将现有的供应商取而代之。你的潜在客户几年来一直都在用竞争对手的产品、系统或解决方案。在客户公司内部，对于他们现有的供应商既有支持者也有贬低者。你竭尽所能与所有的股东和有影响力者会面，来了解他们现有的处境、观点、渴求的结果以及他们对你和你的竞争对手的解决方案的感受。你发现，有相当数量的激进人士支持现有的供应商，而且他们对你的说教一点兴趣也没有或者不想中途换人。另外，这些人还相当直言不讳地表示，哪怕你认为他们坚持现状是不合理和不理性的，即使现状有很多缺陷和局限，他们也不会考虑你。

对很多读这本书的人来说，我只是描述了你的日常生活。你经常被迫在敌对的环境中进行推销，人们可能经常因为你的出现和你提议的解决方案感受到威胁。在这种情况下，你肯定不会火上浇油，给这些反对者更多理由来破坏你做出的销售努力。如果在一次面向决策委员会的重要会议中，参会者包括支持改变的人和强烈反对改变的人，销售人员直接向后者开炮，你能想象出大家的反应吗？为了让这群人改变立场，销售人员就讲述一些其他客户的故事，说他们因为愚蠢、害怕、保守和思想倒退而拒绝升级自己的系统从而为此付出了惨痛代价。他嘲弄这些反对进步的人的短视，并笑话他们甚至害怕使用一个更好的捕鼠器。

在这么做的时候，销售人员不仅更加疏远了委员会中那些反对他的提案的人，还制造了一批被动员起来的死敌，这些人将会不惜一切代价来中止与他的买卖。这已经不是一个商业决策了，而成了那些被攻击的人的私事。这一糟糕的销售举措，不管在销售人员的眼里有多合理，和希拉里认为有四分之一的选民是"可怜虫"是一回事。对所有想赢得朋友和影响他人的人来说，这都是非常糟糕和不明智的一招。

公正地讲，特朗普在凌辱其他人方面做得更过分。他一点儿也不优秀，总是惹是生非。他措辞不当、行为不适，有时候就像一头幼年斗牛。他曾经侮辱参议员 John McCain，一位越南战争的英雄和俘虏，他说："他不是一位战争英雄，因为他被俘虏了。我喜欢那些没有被俘虏过的人。"他对一家在民主党代表大会上发言的金星奖章家庭（有孩子为美军而战时阵亡）极其无礼。他对自己的共和党主要对手及希拉里则十分刻薄。此外，我们当然也不可能忘了他不停贬低媒体，宣称所有反对他的文字和言论都是虚假新闻，让媒体成为几乎所有问题的替罪羊。

我认为，区别在于，特朗普不断地把所有羞辱都撒向了对手，而希拉里则把特朗普的支持者当作了目标。也是从这儿开始，这场战争成了很多选民的私事，也让希拉里付出了超出她自己说出那组致命词语时所能想象到的代价。销售人员们，引以为戒。

◎ 在小鸡孵出来之前不要数数（不要提前庆祝胜利）

当年我做销售的时候，在我职业生涯的很早期就被教导不要在订单完成、合同签署和发票支付之前就把佣金支票给花了。这是来自经验丰富的销售界老手的睿智建议，因为他们知道过早地点燃香烟、庆祝巨大胜利所带来的痛苦和尴尬。当销售人员骄傲自满，把时间和精力投入到策划胜利派对而不是奋斗到最后一刻来完成订单时，最后不会有好事儿发生。

希拉里就亲身经历了这种痛苦。在选举的前一周，有消息说在贾维茨会展中心外的休斯敦河上，有大量装载烟花的游船，计划进行烟花表演。《纽约邮报》透露了这一消息，并在文章开头用了颇有深意的比喻："她这么做会被打脸的！希拉里·克林顿也许太早点燃了她胜利庆祝会的导火索。"这些作者多么有先见之明啊！

尽管有关希拉里这一计划的新闻引起了一些反作用，但是我完全没有在暗示希拉里庆祝会计划的泄露让她在选举中失败或者失去了选民，虽然我怀疑确实有这种作用。

你的客户肯定不会想到，你也许在策划一次胜利大游行，或者买一辆梦寐以求的车，或者兴冲冲地向公司内部的同事或管理层吹嘘你这次尚未确定的巨大胜利。但是，我可以用亲身经历告诉你，我亲眼看到很多销售人员这么做之后丢掉了自己原本以为胜券在握的生意。所以，当你提前庆祝尚未最终达成的生意时，这一点也不好玩儿，而且对你个人而言也可能代价巨大。

在你的订单完成之前不要吹嘘。不要因为你觉得这个订单是铁板钉钉的事情，就把未来的佣金费用花在自己本来买不起的东西上。不要冒让自己最后很难堪的风险。相反，做一些明智、成熟的选择：将订单盯到最后；不要理所当然地以为会拿下订单或者进展顺利；像一个原本待在红色区域的专业选手那样行动，准确地判断怎么做才能得分。

我不知道，你选了她还是他，或者像我一样，谁都没选。我不知道，对于大选的结果和特朗普的执政，你是感到狂喜还是害怕，抑或两者之间。但是我知道，作为专业销售人员，我们可以从希拉里惊人的失败和特朗普本不可能的胜利中得到以下有用的教训：

1. 要牢记：买家的行为都是从他们自己的利益出发的；你的信息（故事）不要以你为中心，而是要聚焦在你要帮客户处理的问题和你能帮他们达成的结果上。

2. 不要以为你长期合作、忠诚的客户会继续从你这儿买东西。如果你把他们认为理所当然，那么你要做好失去他们的准备；如果你骄傲自满，那么就等于把大门为竞争对手敞开，让他们有机可乘。

3. 潜在客户并不会一直对你说实话或者完全暴露他们的意图。要怀疑那些表面的回答，不要害怕问一些难题或者提出一些你也许一直没从客户那里听到的异议。

4. 展示只是整个销售流程的一小部分，而且那些努力进行发现、构建关系和建立共识的销售人员常常在重要展示之前或者之后赢得大订单。把胜利寄托在展示当日会议室内的表现上，是很愚蠢的行为。

5. 客户听到了你的承诺，会让你一直恪守。不要做出虚假承诺，也不要让你的解决方案名不副实。因为，这些欺诈性的行为很可能在以后让你付出惨痛代价。

6. 贬低竞争对手是不明智的，但是贬低喜欢或支持竞争对手的人则是愚蠢的——而且非常愚蠢。

7. 只有当订单完成，你才绝对不会让自己陷入尴尬境地。如果你提前庆祝还没有完成的生意，那么你很可能会丢掉信誉、破坏自己的声誉。

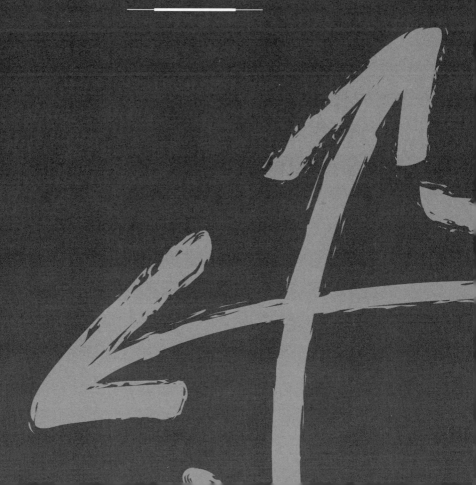

第二部分

赢取更多新订单的真相

第 5 章
赢取更多新订单旨在赢取新订单

　　看到本章的标题，你挠了挠头？我确实希望如此。我将要和你分享的是我迫切需要每周几次告诉主管、经理和销售人员的：大部分销售人员（销售团队）之所以没有以期望的速度拉来新业务，是因为他们花了非常少的时间聚焦在拉来新业务上。如果这句话让你怀疑为什么要花不少钱买这么一本都是这种常识性建议的书，想象一下当我把同样的事情告诉总裁们时他们的感受，还是在他们刚刚支付完我的顾问费用以后。

　　这不是高科技，这只是销售而已。你不需要有什么高学历，甚至不需要太多销售头脑，就可以得出同样的结论。但你必须要做的是看一下销售人员是怎么安排他们的时间的。

◎ 不要把忙碌或者服务活动与销售活动混为一谈

一个普通、"非常忙碌"、勤劳的销售人员会把早晨的很大一部分时间拿出来进行社交。有些人的社交活动在办公室进行，甚至就在销售区域的大房间里。而有些人的社交活动则是在线进行——看一下脸书，浏览一下 Instagram 的内容，和朋友聊聊天，或者读一下最爱的在线报纸上的新闻。然后，他们开始查看收件箱，有太多邮件需要处理了。九十分钟（和几个猫视频）之后，他们准备好着手处理邮件了，但是在此之前，他们要先处理在邮箱里发现的客户服务中存在的问题。有两个优质客户对于订单的进展有疑惑，还有一个想知道某种新产品能不能买。这位销售代表赶紧跑到客服代表处去查看客户的订单进度，然后到库房取走一个小订单，而这个小订单他本来说要下午寄给另一个优质客户的。他和仓库经理闲聊，两人对于公司梦幻足球联盟即将到来的比赛胡侃一通。

在上午 10:30 的销售团队会议之前，我们这位"非常忙碌"的销售人员回到了座位上，正好可以再一次查看邮件。他的销售经理特意把这次会议安排在每周五的上午 10:30 到中午 12:00，因为这样不会打扰到销售代表早晨高价值的活动（比如客户开发和推进渠道中重要的销售机会）。当然，我们这位有代表性的销售员在这个（几乎每一个）周五完全没有花精力做这些。销售会议结束后，几个销售代表去当地的酒馆吃一顿普通的周五午餐。下午 1:30，我们这位"非常忙碌"的朋友开始出发，去给客户送那个小订单。他在 2:30

的时候抵达，花上半小时进行客户"沟通"，然后离开，转而出现在另一个现有老主顾的面前，这位老客户正为一个潜在项目要使用的材料进行询价。

很多销售人员，甚至一些经理，都会觉得这是非常充实的一天。这一天，既有和几个老主顾直接互动，也解决了几个客户服务问题。甚至有个客户因为收到了销售人员亲自送达的小订单而感受到了爱，而另一个老主顾也很感激询价时得到的快速回应。所有这些在一天之内就完成了，甚至还参加了一个销售团队会议，还和同事们一起吃了顿午餐。多么有业绩的一天！

也许有人会问：这一天有什么不对吗？我敢打赌，有一些企业老板和销售领导会很满意这位销售代表的努力、反应、服务至上的态度和客户联系的整体水平。但是，我却有非常不同的看法。我坚决认为，一个销售人员的首要任务是增加收益、创造新订单。所以，尽管这位销售人员接触了几个客户、成功地解决了问题且很好地服务了老主顾，我却没有发现任何聚焦在主动开发新业务上的努力。这位"销售人员"所做的一切，有什么是一个比他工资低得多的客服代表做不到的吗？除了可能提高了客户满意度，还达成了什么销售收益？主动的销售活动在哪里？创造新订单的焦点在哪儿？拓展新业务和增加收益的意向在哪里？这些都严重缺乏。而且，我经常在别处看到同样的情形。令人遗憾的是，这种情况已屡见不鲜。

◎ 过多的内部会议和老客户管理不利于创造新订单

不仅那些勤劳的销售人员因为疲于应对客户或区域管理，或因为自身观念而处在被动的工作模式中，我在各种行业和销售角色中都见到过同样的时间分配心理和方式。在一家软件即服务（SaaS）[①]公司，它们的高级客户主管作为公司的"狩猎者"，每个人都有很高的新创收指标，但是他们却把特别多的时间花费（浪费）在公司会议上。如果这是一家比较小的公司，那么高级管理层重视这些客户主管的投入是可以理解的。但是，如果你把这些销售人员花费在客户成功会议、产品研发会议、全体会议和新客户加入会议的时间加起来，数字是很惊人的。

整体说来，这个团队是完成不了指标的。从我的角度来看，这是参加所有那些会议所付出的机会成本，过多会议也是无法完成指标的原因之一。我并不是说，这些会议不重要或者这些销售猎手的投入没有价值。但是，我们必须要考虑一下，把我们的收益创造者工作日 20% 的时间绑在非创收会议上所付出的真正代价。

两年前，我应邀到一家管理特别良好且成功的家族企业去帮助它们重新激发销售队伍的活力。我爱这儿的员工和他们对企业的热情。公司文化是健康和强大的，销售人员也都很有才华且长期任职。他们的产品和专有应用是一流的，而且他们的客户服务也是杰出的。那么，有什么问题呢？他们的销售在多年的稳定增长之后，陷入了

①　SaaS 是 Software-as-a-Service（软件即服务）的简称。

瓶颈。

我发现了什么？我发现，这支对工作极其投入、薪酬很高且经验丰富的销售队伍大都在做一件很明显的工作，即管理他们在过去十年里获取的主要客户。我说的"主要"客户是指——一个行业中那些家喻户晓的最大、最差的公司。这些客户要求非常高，这家公司为他们提供一种做任务时很关键的应用。对销售团队来说，客户管理负担很重。因为，通常每个月销售人员除了要完成正常的管理和客户服务任务以外，还要处理客户提出的很多特殊要求或需求。

我还发现，公司并没有给销售团队的成员分配收入增长指标。进一步讲，就是没有制定获取新客户的目标。销售结果不会被公开，销售管理层也不召开问责会议来同销售人员一起审查结果，因此也显然不会把销售人员的实际业绩和预定目标进行比较，因为一开始就没有目标。

此外，月底的客户计费是一项冗长、单调而又耗体力的工作。为客户开发票的工作则完全落在了销售人员的头上。由于客户主管要经常与客户联系，而且要深入了解客户项目，因此，这家公司的传统计费流程要求销售团队的成员去做所有月底开发票所需的准备工作。对于那些客户最多和业务最多的销售人员来讲，这项工作将会每个月耗费他们两个全天的时间。让我们再深入一点。一家销售已经停滞不前的公司让它最好的销售人员每个月花费 10% 的业务时间去做既刺激又高强度的发票准备工作。噢，我的天哪！

另外，我是不是已经提到过，这些有才华、专注且经验丰富的销售人员既可以通过总收益获取丰厚的佣金，而且还可以通过管理已经在名单上的客户赚取很高的收益？

我描述的这种状况并不罕见：没有新业务开发目标；没有销售报告；没有拉来全新业务的责任；沉重的客户服务任务；每月两天的发票准备工作；贴心的销售人员管理大批业务和大量高要求的客户；每月因为漂亮的客户管理和因为赢得新订单沾沾自喜而获取丰厚的佣金。在这种情况下，即使这些销售人员能够熟练猎取新业务，他们为什么要这么做？而且，他们什么时候需要这么做？当你尽心尽力地管理现有客户关系，没有责任或未被激励获取新业务时，你有什么理由不去继续服务现有业务，而要去承担开拓新业务的重任呢？对于答案，你我心知肚明。

我可以把剩下的这本书都用来描述和谴责这些非创收的活动，它们填满了销售人员的每天、每周和每月。从一位创纪录的货车销售人员因为被迫牺牲销售时间而去亲自送车导致业绩下滑，到表现不佳的科技公司销售研发代表每天非常开心地花费八个小时装扮公司的万圣节派对，这简直就是犯罪！

销售人员是向前的战斗部队，这些士兵在最前线——有责任夺取新地盘、创建新的客户关系和在现有关系内扩张收益。只要是让他们脱离主要使命的分配和任务，不管有多重要，也不管是自愿的还是强制的，从长远来看都会伤害到销售业绩。

对于那些想开始赢取更多新订单的销售人员来说，非常有必要把你的大部分时间花在真正可以创造新业务的活动上。我并没有特意在搞笑或者表现得高高在上；我只是为你举起了一面镜子。回复客户服务类邮件并不是可以产生新订单的行动，跑出去给客户送东西也不是，收集给客户开发票的必要信息也不是，而自愿成为委员会成员或者没完没了地装饰公司派对更是我能想到的最浪费时间的事情。让你们公司找一些没有产出高收益责任的人去组织团队建设活动、主持委员会工作或者修剪公司的圣诞树。每一个人（包括你自己和你的家人）都指望着你去做自己的主要工作，并把它做好。

那些宣扬销售就是服务、服务就是销售的人，往坏了说是大错特错，往好了说是讲述了一个不完整的故事。我从未见到过，过度服务一位现有的客户，尤其是一位没有收益增长点的客户（这一话题更多内容见第9章），会产生新收益。而在现实中，我见到的**销售真相**恰恰相反。那些困在客户管理和服务优先思维模式中的销售人员经常在开发新业务时排名垫底。我希望，看完这一章之后，你能够好好地看一下自己的观念模式、日程表和应该优先考虑的事。要想严肃对待业绩提升，需要严肃对待时间分配，以及让高回报的销售行为优先于客户服务、客户管理或者轻松的企业员工任务。

如果团队在从老客户内部获取新关系和赢取新客户、新市场份额（总的来说就是新业务）等相关方面表现糟糕，而你正是对此感到苦恼的销售经理，我强烈建议你从自己日常、疯狂的行程中拿出时间来单纯地观察一下你的员工是如何花费（浪费）时间的。当你的销售人员忽略了他们的主要工作——增加收益时，就很容易解释为什么你的销售订单总是不够了。

很不幸的是，现实中常常不是销售人员自身的需求或者精力分散阻碍他拓展新业务，在很多情况下，是因为公司把销售人员当作"免费"劳动力使唤，让他们去完成一些非销售类任务，就像我提到的那个让客户主管做月底账务来准备发票的例子一样。并不是说他们的本意是坏的，也不是说他们为了省钱而不去招聘文书类办事员。而是说，传统流程蒙住了主管的双眼，使他们看不到让前线、高薪酬的销售力量去忙发票的事情并不是最高效和最好的时间利用方式这一现实。还记得吧，这家公司让我来是因为它们丧失了销售动力。我并不需要拥有一个 MBA 学位或者成为一个受过麦肯锡培训的顾问就可以指出，它们面临的挑战源于让销售团队每月花 10% 的时间来做账务工作，用剩下 90% 的大部分时间来进行客户管理，而这些客户已经为企业提供了他们能提供的最大份额。这一业务模式对于保持企业现状还可以，但是如果想增加订单特别是新订单，这种方式特别糟。

第 6 章
金牌销售不追逐机遇，
而是创造机遇

去年 9 月，我在德国主持了一个会议，与会者是来自 Teradata 天睿公司的区域主管们。通常情况下，我不会公开客户的名字，但是这次情况很不同，Teradata 的高级主管一直以来对我们的合作内容非常公开。在第 16 章，我将会更多地分享这次合作的细节，聊一聊 Teradata 非常有才华的销售主管和他们为前线销售经理所做的投入及努力。

这次会议在慕尼黑举行，目的是与他们的国际销售领导者一道，为即将到来的"销售管理就是这么简单"研修班定制日程。当我们回顾那些常见的导致销售团队表现不佳的销售管理错误时，我展示了这么一张幻灯片：一名销售人员一边盯着手表上的时间，一边等电话。当我描述经理人允许销售人员以一种等待机遇找上自己的被动模式工作会造成的损失时，负责亚太地区大部分范围的澳大利亚主管 Andrew Blamey 说了一段话，比我任何时候说得都好："伙伴们，我们把我们的销售力量称为**需求创造团队**。他们的工作是创造销售机遇，而不仅仅是去回应机遇。如果我们只是想让他们坐等机遇，那么我们应该称他们为**需求满足团队**。"

朋友们，这就是销售领导的智慧，甚至因为他澳大利亚的口音而让人对这段话更加难忘。Andrew 完美且简洁地陈述了今天销售行业中存在的最有破坏性的问题之一。有太多的销售人员认为他们的任务是追逐机遇然后达成销售目标，而这种不正确的思维模式则会造成灾难性的销售结果。

◎ 等待机遇会将你置于竞争劣势和弱势位置

有很多年，我一直在讲销售人员"姗姗来迟"的危害。我还在我各种博客的帖子里、其他出版物的邀请文章中、我的书中和我主导的每个研修班或者培训课程里提到这一点。这个问题特别重要又很普遍，带来的后果也很有破坏性。

情况是这样的：当销售人员处在一种被动的模式中等待机遇时，就可以确定，在他们参与正在进行的游戏的那一刻起，他们就处在了追赶的位置。在很多情况下，他们不仅要追赶买家，可能还要追赶竞争对手。前者已经开始了他们的购买旅程，而后者要么第一个发现了这个机遇，要么是通过自己主动的销售努力同客户一起创造了这个机遇，这种情况更糟糕。按照客户制定的规则玩游戏已经够糟糕了，遵循竞争对手制定的规则则会让你寸步难行。

这种处境一点也不好。销售人员不仅没有办法明确和制定买家的购买流程和标准，还陷入了只能被动反应的境地。更糟糕的是，早到的竞争对手拥有所有的优势，而且很可能已经战略性地引导客户走上了一条道路，甚至设置陷阱、创造障碍以维护自己的领先位置。如果这是一笔可能引起公开招标的大买卖，竞争对手会染指各个方面，并事先进行对自己有利的安排，以确保他们的提案得分最高。

如果你晚到了一步，那么要影响买家的规范和决策流程是极其困难的。销售人员从不质疑这一点，而且他们无条件地承认，当你不得不按照你的客户或者竞争对手的游戏规则玩游戏时，这是非常糟糕的。对我来说很奇怪的是，几乎销售行业的每一个人都同意这一观点，但是，大部分销售人员却很少改变他们的行为方式，或者很少致力于做一些有利于让他们出现在机遇前面的必要举措。看起来他们似乎对 Andrew Blamey 称之为"满足需求"的处境感到更舒适，哪怕他们意识到了这会让他们陷入不利局面。

◎ 合适的线索和定好的会面都应被视作糖衣，而非蛋糕

真正的销售猎手和顶尖的高产出者有责任将自己的渠道填满机遇。他们都知道，一个丰富、健康的渠道是不断带来新业务的关键。而且，当他们的渠道无力时，这些"指标碾碎机"从来不会找借口

或者责备他人。他们会直面现实地说："把更多机遇塞进漏斗里是我的责任。"这和那些渠道无力、表现不佳者的反应非常不同，因为后者通常会把自己假扮成受害者，花很大精力把自己缺乏机遇的原因归咎于别人，而不是努力去创造机遇。

尽管如此，随着今天销售开发代表和业务开发代表的出现，很多销售人员已经开始依赖于他们提供的会面。我可以理解。谁不想面前摆着"免费"的会面和有利的、高质量的线索？这听起来好极了。

真正的猎手和大家一样也爱免费的赠品或者有质量的线索，但是，他们却从不依赖别人去充实自己的渠道，也从不把自己描绘成受害者。那些在销售一行中屹立不倒的赢家在整个销售流程的各个环节都很努力，从漏斗的入口到漏斗的底端，而且他们从不理所当然地认为漏斗入口的机遇已经够多了。当他们感觉到，哪怕只有一秒钟，他们的线索或者会面数量不足以达到他们的销售目标时，他们会马上行动起来、专注于创造新机遇。对真正的销售猎手来说，这是一种天生的、近乎条件反射的反应。从他们感觉到渠道不够的那一刻起，他们就化身为一种开发新业务的动物，利用各种手段将销售漏斗再次填满。

去年，我在西海岸领导了一个为期两天的新业务开发研讨班，客户是一家专业咨询公司。和这家公司合作太难得了！公司文化很棒，公司传统很优秀，执行团队高度投入，销售人员都是真正的咨询师。这些人又有趣又耿直。我们在一起相处得很愉快。两天时光一闪而过。

在第一天，我们就公司业务开发代表的角色和有效性进行了一次"健康的讨论（辩论）"。对于业务开发代表给销售团队的漏斗分配的线索和会面的质量，大家有着非常不同的观点。你能想象得到，对于销售团队成员对业务开发代表提供的会面的依赖程度，大家也有不同看法。然后，在一个非常合适的时机，当稍弱的销售人员的诉苦变成哀怨时，一个订单产量很高、值得信赖的猎手，用他那完美的语调很有态度地在会议室里丢下了这些精辟之言：

"业务开发代表给我们准备的会面应该被看成我们退休金里的社保部分——都是意外之财。我们最好不要以此为生。"

就是这样！我从未听过比这更好的表达。我怀疑，很多在销售行业谋生的人都"希望"或者依赖社保金能支撑他们的退休生涯。同样地，我从来没见过任何一个甲级的销售猎手会完全依赖他人（或者公司）来提供销售机遇以保证漏斗充盈。

但是，有太多人每天在被动反应的模式下生活，希望甚至期盼有稳定的好线索送上门来。这和那些订单产量高且坚持不懈的"指标碾压机"的操作模式是180度的相反。销售赢家认为保持渠道的健康和充盈是自己的个人责任，并尽一切努力来维持——包括客户开发。

◎ 成为销售机遇创造者的关键

我意识到，很多销售人员和销售领导者对于我正在说的主题很有共鸣，而且还很真诚地渴求他们自己和销售团队从机遇的追逐者一跃成为机遇的创造者。你读了这么多，也想成为一名需求创造者，成为一名对你的客户、公司和市场更有价值的人。相信我，对真正的销售猎手来说，从来不存在无用武之地的情况。那些熟练掌握创造和完成销售机遇的人都很抢手，而且薪酬极高。但是，销售行业中可以满足客户需求的人有太多，而能够创造需求的人却少得多。

我曾经作为一名顶尖高产的猎手获得了丰厚的回报（自由、收入、选择等），所以我也特别想让你这样。在我看来，作为一名专业销售人员，要想提高你的效率和收益，最有用的做法是熟练掌握销售流程中最关键的三步：创造机遇、推进机遇和达成订单。

在后面的章节中，我们会涉及推进机遇和达成订单的环节，但是现在，首先要深入探讨创造新机遇的关键是什么，从而充实我们的销售漏斗。很不幸的是，对销售书籍作者和销售教练来说，这些关键反而是他们最不关注的。但是，它们却绝对是成为一名长期的顶尖高产的"魔法师"最基础的部分：

- **态度要正确**

- **有意进行日程管理**

- **制定战略目标**

- **信息要有吸引力**

- **专注于客户开发**

在接下来的五个章节里，我们会一一解锁这些关键因素，但是在那之前，请花几分钟的时间来考思考一下这个清单。对于进行客户开发和你从零开始创造新机遇的能力，你相信什么？你真的把潜在客户和现有客户的最大利益放在心上了吗？你的销售动机单纯吗？你有没有合理利用自己的日程来安排好每一天和每一周？你有没有特意拿出时间来进行新业务开发？你有没有把创造机遇作为优先考虑的事情，如果是的话，在你的时间分配上有什么证据？有没有一个有限的、战略性的目标客户清单，让你可以全神贯注地去主动寻求目标客户？你对自己的销售故事自信吗？你的信息是否足够吸引人、利益相关和有效，能够吸引潜在客户的注意力，获取他们的信赖，从而让他们愿意跟你对话？你有高效的客户开发工具和技术吗？你能否熟练应用电话，是的，就是传统的电话，来确认与目标潜在客户和现有客户的会面？

我想让你承认并保证，你将会花时间来做这些事情。**销售真相**是，任何行业中订单产量高的销售人员都能够熟练运用这五个方面来创造机遇。如果你想让自己的游戏升级，或者想体验一把第一次打破纪录的感觉，那么你也需要熟练掌握这些方面。

在第一部分的时候，我就已经尽我所能地强调了：到销售的顶端没有捷径。现在请花时间来回顾一下这些问题，列一个个人清单，明确今天你所处的位置，然后做好准备，开始努力工作。有机遇等着我们去创造，有**新订单**等着我们去赢取。

第 7 章
用正确的态度改变一切

　　我二十五岁的时候获得了我的第一份销售工作。而我的父亲是纽约市一位一流的销售主管，他觉得很好笑，因为我在整个大学期间和我工作的头几年一直很明确地说我永远不会成为一位"销售人员"。现在回想起来我有多偏离当初的论断，自己都会笑出声来。

　　后来，我要离开纽约去圣路易斯做区域销售经理，并且要负责我们公司最大的客户沃尔玛。走之前，父亲跟我坐下来聊了很多。在 20 世纪 90 年代早期，并不流行去阿肯色州的西北部做沃尔玛的业务管理，人们更愿意选择扎根在一个容易抵达本顿维尔（沃尔玛总部所在地）的周边城市。当然，今天很多人愿意迁到本顿维尔，因为它不仅是一个漂亮的地方，还成了一个很适宜居住的大都市。我选择迁移到圣路易斯有几个原因，我在这儿住了二十七年，娶了一个世界上最棒的妻子，还有了三个孩子。可以肯定地说，这个决定对我来说是可行的。

◎ 我们必须为客户做最好的打算

诚实地讲，虽然我已经不太记得父亲关于"为我去圣路易斯和为我进入销售行业送行"的大部分言论，但是他将他的智慧对他二十五岁的儿子倾囊相授。那天他跟我分享了一个我永远不会忘记的观点。他让我直视着他的双眼，然后微笑着指着我说："你在销售中的首要目标就是让你的客户获取最大成功。只要你的动机是帮助客户成功，那么你就会在销售中一直成功。"没有比这更正确和睿智的了。

当你把潜在客户或者现有客户的最大利益放在心上的时候，你的销售动机就是单纯的。当然，你也想要这个订单，而且你也会因为完成这笔生意而获利。但是正如我父亲的精辟之言，当你真正的动机是帮助客户取得成功的时候，所有的一切都会为你而改变——尤其是在销售中最难的部分，即创造新机遇。

客户开发就变得简单了。你不再去担心你想要交谈的对象会躲避或抗拒你，而是发自内心地想和人们交流，因为在你的内心深处，你知道他们需要你，而你也可以帮助他们。

这就是我坚持宣扬的内容，以帮助销售人员形成正确的态度来进行新业务开发：

对你服务的客户或市场来说，你（和／或者你的公司）是专家、

问题解决者、解决方案的提供者和价值创造者。

你相信这些吗？你真的相信你、你公司的其他人和你的产品或服务能够提供巨大的价值吗？相信你能解决一个潜在客户的问题或需求吗？相信客户的企业、处境或生活会因为同你或你的公司合作而有所改善吗？相信你真的能够解决问题、减少依赖、降低成本、提升收益、加速生产、扫平障碍、增加（……）或者创造更好的结果吗？

就因为这些对业务有好处而且是正确的，我当然希望你能对这些问题做出肯定的回答。因为当你内心坚信客户很可能需要你或你的解决方案并且你确实可以提供帮助时，那么作为一名销售人员，你会从中获取重要收益：你确实想进行新业务开发，而且有动力创造新机遇！

是的。当你真正相信你是潜在客户的最佳选择，且如果你不努力获取一个新机遇就会觉得自己是在玩忽职守、不负责任时，你对"打扰"潜在客户的态度就改变了。当你知道潜在客户处于危险（就像一个小孩子要跑到路中央）时，或者正在忍受非最优的解决方案时，或者不知所措、迷茫时，或者不经意间迷失了方向时，这一切将迫使你主动进行联系——因为联系是为了潜在客户好。你打电话不是为了打扰，而是因为你相信你的解决方案很可能会给客户带来更好的结果。想和潜在客户会面，还有什么比这更好、更单纯的动机呢？

当你觉得有使命帮助潜在客户的时候，一切都改变了。你不会再觉得客户开发很讨厌或者是你不得不屈尊去做的事情，而是会满怀激情。不管一开始你觉得迈出步子去创造属于自己的机遇有多不情愿、多不舒服，一旦你改变了对客户开发的态度，这些负面感受就都消失了。

接受这种思维模式的另一个巨大收益就是你的潜在客户不仅能感受到你想要帮助他们的热情，还能感受到你的可靠。没有更好的方式来表达这一点，只能说他们能"嗅"到你把他们的而不是把你的最大利益放在了心上。一旦人们觉得你特别在乎为客户提供最好的可能性结果，马上就会将你与销售行业中那些爱开玩笑和喜欢操纵他人的销售人员区别开来。

我观察到，最好的销售人员会主动与潜在客户联系，并让他们相信，他们需要自己的帮助，接受与自己的会面乃是明智之举。我亲爱的销售朋友们，这就是我特别想让你接受的思维模式。当你接受了，它将会帮助你创造更多新的销售机遇，超出你原来的想象。

◎ 我们必须相信，主动联系潜在客户是有效的

我们相信的东西对于我们的行为方式有着巨大的影响。就像在运动时，我们的大脑活动会影响我们的肢体动作。比如，我可以证明，而且我确定你们中很多人也可以，当你打高尔夫向后挥杆时，如果脑子里满是"臭球"或"香蕉皮"，那么让球沿着球道中央滚动将会变得极其困难。

如果想成功地创造出属于自己的销售机遇，那么在内心深处你

必须相信自己可以成功。我知道客户开发是有效的，因为我已经实践了很多年。在不同行业工作期间，我个人通过在客户开发方面的努力获取了遍布全美的新客户。在芝加哥、丘拉维斯塔、堪萨斯市、孟菲斯、迈阿密、蒂梅丘拉和很多其他城市，我都曾从零开始，拿下大笔业务，现在我还能指出这些客户都在哪幢高楼里。那时，没有线索、没有广告、没有品牌辨识度，也没有集客式营销或社会化销售，我在战略目标客户中进行客户开发，用能自我成长的新机遇将我的渠道填满，并达成了创纪录的新业务量。我销售职业生涯中的大部分成功都可以归功于我坚持不懈地致力于充盈销售漏斗的入口。这并不是我的观点或者什么理论，而是事实，是由诸多证据所支撑的**销售真相**。

并不是只有我自己的销售经验可以证明客户开发是一种非常有效的填充渠道的方式。我还见证了几十支销售团队和成百上千的销售人员同样的经历。在我目前做顾问的一家软件即服务（SaaS）公司，它所赢得的 80% 以上的新订单都是由客户主管通过主动的销售努力而发起的，而不是通过公司的营销引擎。让我来重复一下，因为我想让你有同样的信念，即创造属于你自己的新机遇是完全行得通的：在 2018 年，尽管很多销售改善团体和伪"专家"宣扬了诸多废话和噪音，告诉我们客户开发完全是浪费时间，但是在一家 SaaS 公司，我的客户所赢得的新订单中十之有八是通过销售团队成员个人进行客户开发努力而产生的。

就是**这样**！我相信你能够创造自己的新销售机遇还不够，重点是**你**要相信。

我之所以一直这么固执、不断重复地要说透这一点，是因为我知道这很可能会让你的世界观混乱。因为，这很明显和今天盛行的销售学说相矛盾。但是，如果你想熟练地创造新机遇，你必须完全相信你不仅能够这么做，而且将会因此而成功。这也是为什么在第 2 章我强烈谴责新"专家"和他们受欢迎却虚假的学说，尽管他们所宣扬的很有吸引力。

如果你想精通如何赢得更多新订单，首先需要精通如何创造新机遇。创造新机遇最关键的是端正你的心态和思维模式。如果你的动机是将最好的可能性结果传递给客户并帮助客户取得成功，而且你坚信你主动联系潜在客户的努力是有用的，那么，好事情将会随之而来。

第 8 章
收回日程安排主动权，
变得更自私、高产

"自私"这个词一直都有个坏名声，这不难理解，因为父母和老师都在不断地引导孩子们不要自私。随着年龄的增长，从我们学会倾听和服从开始，我们就接受着"要懂得分享"的教育。分享我们的玩具，分享我们的饼干，让别人也玩一玩、吃一吃，做个好孩子，不要自私。现在，成了大人，我们又被要求分享自己的日程安排，成为一个有团队精神的人和一名有责任感的企业员工。

这些听起来都很棒。毕竟，有谁可能反对这些被广泛接受的说教呢？如果有，就像有人出来反对黄金规则一样。但是，如果你问我怎么看，我是反对的。当涉及销售和销售人员的时候，我强烈反对这种反自私的做法，而且我相信，如果我们停止分享我们的日程安排或销售时间，我们都会好得多！如果再有人力资源部门的人告诉我们，一个公开的销售猎手职位需要招募一个善良、好合作、有团队精神的人，我已经准备好了让他离开。销售人才招聘和普通招聘是完全不同的两回事，我们将留到第 16 章再进行探讨。

销售真相是，表现最好的销售人员都是自私的。顶尖高产者的自私是有利的，他们自私得很高产。

为了更好地解释我说的自私得很高产是什么意思以及这为什么是和赢取更多新订单有关的重要概念，我这里借用一下我在《销售就这么简单》一书中的结束语。在那本书最后几段，我向经理人们倡导，要想创造和保持一个健康的销售文化并持续产生更多订单，他们需要强有力地重新获取对自己日程的控制权，并保证集中精力于对他们来说高价值的活动。为了更适用于销售人员而非经理人，我将下面的摘录措辞进行了微调：

最成功、高产、有效的销售人员具有一个共同的特点，那就是我说的自私得很高产。他们极其自私，但是以一种很好的方式展现出来。这些高效的销售人员对待自己的时间很无情。他们小心翼翼地看守自己的日程表，并把自己的时间当作供应的氧气一样珍惜。而且，他们能够非常熟练地说出那个简单的两字词语：不行。

自私得很高产的人比其他人表现突出有一个非常简单的原因：他们将时间最大化地利用在高价值、高回报的活动上。这些高效的销售人员对自己的日程表进行时间划块管理，用他们觉得最重要的事情把日子填满。时间划块管理可攻可守。从防守的角度来说，将日程表填满你知道自己将要做的事情能够防止这块时间被其他事情利用。当有人邀请你参加一个不重要的会议时，你就可以看一下日程表，然后发现这块时间已经预先安排了别的事情，这时，就可以告知对方："对不起，那天下午我已定好要参加一个非常重要的活动。"既免除了麻烦也有利于保存体力。

作为一个攻击性武器，时间划块管理还可以保证你能够拿出来充裕的时间花费在那些你已经确定的高价值活动上。当你收回了日程表的控制权，你会有种掌控局势的感觉。这种美妙的体验来自你可以自己决定如何使用自己的时间。

不管你是一名高级主管，还是一名销售经理，抑或是一名个体生产者，自私得高产这一概念对你都适用。对一名销售人员来讲，这一概念也许是至关重要的，因为有太多公司内部和外部的其他人想给你分配工作，而其中大部分和创造、推进或者达成销售机遇毫无关系。

请多花一些时间再来思考一下这句话：

自私得很高产的人比其他人表现突出有一个非常简单的原因：他们将时间最大化地利用在高价值、高回报的活动上。

尽管听起来又疯狂又简单，但是这却是顶尖高产者区别于普通群众的原因。他们准确地知道哪些活动能带来可见的变化，自私地守护和管理自己的日程表以确保这些活动可以优先被执行。

高效、表现好的经理人和销售人员把大部分时间都花费在几件能够产生业绩的珍贵的事情上，而忽略、避免或者委派掉不太重要的任务。仅仅是打出上面那一句就让我觉得很受激励，我也很好奇你的反应。如果你能够准确增加花费在可以产生业绩的活动上的时间，严格限定浪费在对你的大目标没有任何促进作用的任务上的时间，那么，每天你将会多出多少精力？

◎ 时间划块管理具有改造能力

没有任何一种其他的科技拥有这样的潜力，能够对生产率和工作表现产生变革效果。更好的是，没有比时间划块管理更容易掌握或者更容易执行的概念。

时间划块管理既不新鲜，也不复杂。相反，它是很古老的，而且是一个被反复炒作的词汇，却很少被广泛接受。当我在研修班上讲这个概念的时候，每个人都很赞同它会很有效，但没有几个人全心接纳它。习惯性的、传统的管理方式和缺乏原则的表现总是会出现，干扰那些在理论上接受了这一概念但行动上缺少执行投入的销售人员。

我对这一能够改造业务和生活的科技的定义非常简单：

时间划块管理是一种通过自我约定，将时间用在最有价值和最高回报率活动上的训练。

是的，它既不是二次方程也不是长除法，而是简单加法。夺回我们日程表的控制权只是第一步，然后用已确定的、值得且需要我们付出更多的时间、精力和焦点的高价值活动将其填满。对于这些已经安排妥当的时间块，我们要把它视作和老总或者和重要客户中的最重要人物的会面一样重要。换句话说，我们要遵守自己和自己所做的约定，不去理会我们当下的感受或者其他可能会产生不良后果的紧急但无意义的事。

在我的定义中，有一个特别重要的前提：我们必须知道对我们来说什么是最有价值的活动。你可以在任何时候进行时间划块管理，但是如果你不能用可以产生业绩的活动来填充日程表，那还有什么意义呢？

你的三个或者四个回报最高的任务是什么？我不能替你回答这个问题，只有你自己能替自己和自己的身份回答。请拿起一支笔、一个平板电脑和任意一杯你最爱的饮料，然后花一些时间列出你认为能提升你表现的几项活动。在这个环节，不要缺斤短两。慢慢来，因为你现在得出的结论将会推动你填充日程表上的内容。

这一环节对你来说如何？对一些销售人员来说，这项练习很辛苦，因为很难界定出哪三件或者四件事情能真正推动业务进展。而对一些人来说，则特别简单，他们只需要十秒钟就可以飞快完成这一清单。不管你属于哪种情况，我都支持你把这个清单拿给别人看看——特别是你的直属领导。当你是自己给自己打工时，当然不需要别人买账，但是对那些需要向经理或者主管汇报的人来说，寻求认可乃是明智之举。你应该在哪儿花时间，以及同样重要的，不应该在哪儿花时间，当你和你的领导对此达成共识时，事情将会变得顺利得多。

遗憾的是，对于如何创建高价值活动清单，并没有什么模板公

收回日程安排主动权，变得更自私、高产
83

式。基于每一名销售人员的现状、现有客户资源、服务需求、销售目标、销售周期时长、销售流程复杂程度、潜在客户数量和公司指派的其他任务的区别，每位销售人员的清单也会略有不同。尽管如此，有三个主要方面可以作为指导参考：销售人员需要达成热点机遇目标、推进活跃机遇进程及创造新机遇。要牢记这三个销售动词：达成、推进、创造。那些想尽办法在日程表上安排更多时间致力于达成、推进和创造机遇的人，将会比那些做不到的人更出色。这一点毋庸置疑。

◎ 不走寻常路，去创造更多新机遇和保持渠道健康

在你根据自己的日程表开始致力于高价值的活动之前，让我用一条反常规的建议来挑战一下你。时间划块管理既有效又美妙还具有革命性，我百分之百地确定，只要你夺回了对自己日程表的控制权，把更多时间用在你知道会带来变化的事情上，你的订单状况将会得到极大改善。但是现实是，几乎所有的销售人员都习惯最先着手跟进最热门的机遇。这么做也完全说得通，因为那些订单是最靠近终点线的，我们几乎可以品尝到胜利的味道。所以，我们本能地每天最先开始做的那些活动，也确实是最简单同时又让人以为是最重要的。遗憾的是，在这种情况下，我们的本能是错误的。

我们通常最先也尽最大努力来达成我们最热门的机遇目标。在那之后，我们才开始改善漏斗，着手推进现有的活跃机遇进程。这些订单都在进展中，客户们有兴趣，我们花费精力推动这些机遇向

前进或者沿着漏斗下滑，直到达到它们可以完成的阶段。

对于我刚才描述的方式，有一个潜在的大问题，而且不容易被辨识出来。你发现了吗？当我们本能地这么处理的时候，很难发现有问题。那么，首先聚焦在那些最接近完成的订单上，然后再开始花精力处理下一批最热的机遇，这么做有什么错呢？当我们这么做的时候，我们忽略了漏斗的哪部分和哪组销售动词？如你所想，这种"最热优先"方式的结果就是在主动寻求目标客户以创造新机遇方面做得不够，甚至可能会忽略这一点。大部分销售人员从来没有明白过这个道理。

相反，那些能够不断带来新业务的人都会致力于保持渠道健康。他们知道，要想保持持续的业务流，他们的时间和精力需要覆盖漏斗的各个阶段，他们不能简单地习惯于从底部的机会着手。

顶尖高产者理解渠道的来源和影响。对他们来说，逻辑是这样的：如果你没有付出适当的努力来创造新机遇，那么将不会有足够的订单流从漏斗入口流到靠下的部分。这么说更好：

顶尖高产者优先考虑销售漏斗的入口，因为他们知道，这么做能够保证渠道的健康和平衡。

为帮助你在开发新业务方面取得突破性的成功，我最强烈的建议是别去做大部分销售人员所做的事情。抵抗你的本能！不要习惯于首先处理你最热的交易。恰恰相反，通过有意优先地进行漏斗机遇创造，成为一个拥有最充实、最健康的渠道的销售人员。如何做到这一点？其实再简单不过了。首先要在你的日程表上把你进行客户开发和机遇创造活动的时间划分出来。更好的是，把它们安排成每天首先要做的事情。

把每天早晨的时间专门划出来用来进行新业务开发有以下几点好处。首先，最重要的是可以保证它能够真正得到执行。因为，如果把它拖到一天较晚的时候，很可能会有很多更加紧急（或者更有吸引力）的事情让你无暇顾及这件事。与其这样，不如直接把它列为第一件事情来做。一大早，可以保证在潜在客户被自己世界乱七八糟的事情分散注意力或者击败之前，你打的电话和发的信息能够抵达他们。一天伊始就进行机遇创造活动的另一个好处是，可以让你其他时间能够自由、毫无罪恶感地做其他事情去维护一天的工作平衡。如果销售人员在一天的早些时候已经花了两个小时专注于新业务开发，我也不会那么严厉地批评他们给客户送快递或者急着帮客户服务"灭火"。

◎ 电子邮件已经成为我们生活的祸根

我讨厌电子邮件。而且我相信，对我们销售行业和销售管理中的大多数人来说，这是我们唯一一项最浪费时间的事情。和我们花费在处理邮件上的全部时间相比，真正令人发狂的是，这一好心的工具本有着可以让我们特别高产的潜在价值，最后的效果却完全相反。更糟糕的是，它成了一种别人可以给我们创造工作的媒介，而这些工作常常让我们从高价值的活动中脱离。唉！

我不是一位生活教练或生产专家；我只是观察了很多一线的销

售人员和经理人，然后记录下哪<u>些</u>工作对他们有效以及哪<u>些</u>无效。当涉及如何管理电子邮件的时候，最高产的人和普通人之间有着巨大的分歧。对于这个足以改变生活的秘密，你准备好了吗？请认真听这个高度复杂的**销售真相**：

高产的销售人员和经理自己决定什么时候查看电子邮件。

在我充满奇闻轶事的观察中，我开始深入挖掘不同生产率的专家所写的关于电子邮件管理及其对工作表现和生产效率的影响方面的内容。在 Rob 一篇名为《让其无处不在》的博客中，我发现了这一精辟言论，并将其应用在公司文化基本上被束缚在收件箱上的某一销售团队中——"我想说，生活在 20 世纪 60 年代的人们会一天到晚每五分钟就走到收件箱去查看一次吗，就为了'以防万一'？"

如果说我们每五分钟就中断我们的工作一次、从桌子后面站起来走到公司的收发室这一画面看起来很荒谬，但是当我们查看电子邮件的时候，这不正是我们很多人的行为方式吗？你在笑，因为对阅读或者收听到这儿的 90% 的人来说，这是你和你的电子邮箱瘾的真实写照。听着，克服一道难题的第一步是承认你有一道难题。让我先来示范一下：我叫迈克·温伯格，我有一个问题，我是一名正在恢复的电子邮箱瘾患者，而且我很不好意思承认有很多年我都无法控制这个问题。

电子邮箱瘾并不仅仅是说我们不停地查看收件箱，而是我们让电子邮件控制了自己。早上 5:30，在床上翻滚着不想起，抓起手机看收件箱这一夜收了什么，甚至来不及起床上厕所；在一个需要我们全神贯注的重要会议上手机收件箱嗡嗡响，或者和我们爱的人坐在一起却无法集中精力交谈；这一切都是因为我们脑子里装的全都是"会不会有人发了什么可能需要回复的内容"的想法。我们的生活因此一团糟。

请牢记，我写这本书不是为了帮你处理生活琐事或者改善家庭关系。我唯一关心的就是你作为一名销售人员或者销售领导的表现，而且我看到很多迷失的销售人员和被击垮的销售经理每天敲敲打打却一事无成，因为他们都成了自己收件箱的人质。很多人做的都不是他们必须要做的、可以催生订单的事情，因为他们根本没有机会去做。这很可惜。

Lifehacker 的 Whitson Gorson 曾经说得很到位："每次只要看到弹出提示、听到那一声'叮'或者看到图标标记进展到了另一点就回复电子邮件，将会扼杀你的生产率……不要一大早就开始查看邮箱，不然你这一天什么也干不了！"

你可以找到很多方法来获取帮助以解决电子邮箱瘾问题，而且还会有很多可能正合你意的人员和工具。但是有一个非常简单却特别有效的提示：提前安排好你的收件箱时间。不用再不断地查看电子邮箱，而是在一天里找一个固定的时间来查看和处理电子邮件。不要担心你会错过什么事情，如果真有什么急事或者真有什么事情确实需要你马上参与，找你的人会拿起电话给你发信息或者打电话的。

保持收件箱干净不会有什么奖励，也不会有人因为快速回复邮件而获得卓越成就奖或者打破销售记录。所以，不要一醒来就查看电子邮件，让其他人控制你的情绪和你一早的优先事宜。应该由你来决定这些事情。关掉你电脑和手机上的电子邮箱通知。每次那些胡闹的人给你发送一些微不足道的公告，完全没有必要让窗口弹出来或者"叮"一声、"嗡"一下。我保证，一旦你打破了被收件箱控制的枷锁，你会为自己获取的自由、自主权和专注感到吃惊。和将你的高价值活动进行时间划块管理一样，不要让查看电子邮件这种低价值的管理任务来消耗你的时间和精力。

不要再告诉客户你会一周无休每天 24 小时满足他们的任何需求了

如果我那条变得更加自私得高产的建议并没有把你推出舒适区，那么下一条建议则很可能做到。

如果你很认真地想升级销售游戏、开发新业务，那么请认真考虑这条强烈的建议：请停止对客户说一些愚蠢的话，尤其是对新客户。不要再告诉老客户，不管他们有什么需求都可以随时联系你。不要把自己当作客户的私家佣人、接单员、服务员、专用客服代表、跑腿的、受偏爱的估价师或者首席消防员。

我知道，你们很多人读到这儿会搓一搓自己的脸，觉得很困惑，并好奇我早餐吃了什么才会这么讨人厌。不是我吃的东西让我沮丧，而是我看到很多销售代表一再因为过度的服务优先意识而表现不佳，不禁让人摇头叹息。

在我进一步请求打破客户服务至上的思维模式之前，请允许我带您稍微回忆下往事。我知道，人们很容易美化过去并且渴望重述往昔的快乐。我在这儿的目的并不是这个，而是想让你回忆起，在智能手机甚至是平价移动电话出现之前，是由其他人来满足客户的需求的，而且他们做得也挺好。在我销售生涯的前三年，那时候我们工作连手机都没有，每天用公用电话"登记"几次客户信息。我很喜欢回忆那时如何努力找一个可以开车过去用的公用电话，然后可以把车直接停在电话边上，探着身子去拨号，很像我们今天在可以驾车使用的自动取款机处所做的那样。

如果客户真的需要你，他们会留言到语音信箱，并明白你当天某些时候或者最晚晚上才会听到。而且客户还明白，因为你处在销售行业，所以你通常不在办公室，很可能在打销售电话或者外出拜访客户。所以，当客户需要马上回复时，他们甚至都不会想到给你留言，而是直接给客服打电话。想象一下。客服才是客户需要服务时的首选联系对象。多么得简单美好！多么得顺理成章！

我们那时从不试图向客户承诺今天的销售人员所做的疯狂事情，因为我们无法提供那种"我会放下手头的一切，马上处理你的信息"的服务。而且，诚实地讲，那时一切高效得多。客户和销售人员都明白，销售人员的首要工作就是销售。

到了今天，销售似乎成了完全不同的一项比赛。由于科技的进步，客户对快速回应的期望值呈指数增长，销售人员为了满足他们的需求已经适应了这种期望，哪怕最后会伤害而非帮助到销售本身。当科技让我们每天 24 小时都在线的时候，很多销售人员已经忽视掉了他们的首要工作，低效的事情则接踵而至。

客户将销售人员作为他们的首选联系人这一可选项的存在并不意味着这就是最好或者最明智的选择。我完全理解客户的想法，他们想在自己有需要的任何时候都能够联系到自己的销售代表。进一步讲，我完全理解销售人员的控制欲，他们会因为自己能够服务老客户而更加自信，即使公司里的其他人也可以做到。此外，不难看出为什么只要客户有需求或者问题，高度理性的销售人员会很开心地放下一切，因为他们的动机就是愉悦客户。我很理解，这是一种管理的"新方式"。人们认为我们是和我们的手机绑定在一起的，而且我们是可以做到有求必应的。

我们爱吹嘘自己的客户回应率多么高、我们有多高产，因为我们可以每天全天候地帮助客户。而且，销售行业中的很多人都喜欢被客户需要的感觉。他们等着有机会成为英雄、满足需求、灭掉火焰或者甚至只是参与其中。

听起来都很棒，只是有一件略微不太方便提的事情叫作结果，而且有一个糟糕却很重要的**销售真相**是这种高应答性的方式对创造新订单并不奏效。这么做没有产生订单，更鲜有销售人员完成指标。很多人工作的时间更长了，但是完成的指标却更少了，处在被动模式中已经成了常态。训练不足的销售人员动不动就改变方向，稍弱的销售人员已经能熟练运用"我没有完成新业务开发目标是因为我忙着处理客户的问题"这一借口。而且，某种程度上，管理层以某种方式允许了这种混乱状态的持续。

到了撕掉伪装的时候了。事情不会为你而改变，除非你主动改变它们。我们不能让科技倒退，智能手机不会消失，我也不是在提倡回归使用公用电话和电话卡。但是，我们肯定能够学会同客户设定界限，并通过交流明确彼此的期望。不要再一涉及服务客户的事情，就马上举手成为第一个、最好的和最受偏爱的联系人，我们可以安排支持团队来完成。不要再愚蠢地告诉客户，"只要你有需要就给我打电话，我马上就来"，而是让你的整个团队和公司里负责客户支持的其他人来做。

高产出的销售杀手可以轻而易举地将一般工作和高回报、能产生收益的活动区分开来。他们尽可能地将服务和行政工作安排给其他人。他们对自己的时间规划得非常严格，因为这些销售杀手们明白，只有把销售时间最大化才能赢得比赛，而这需要他们将参与其他事情的时间最小化。这也正是为什么你不会在公司郊游野餐的时候看到顶尖销售猎手做一些打杂的事情，也不会听到他们让客户因为一些微不足道的问题给他们打电话。顶尖销售人员都是自私的——以一种很好的方式展现。他们自私且高产。

现在，我们已经端正了对于创造新机遇、夺回日程表的控制权和解放自我去真正执行日程安排的理念和态度，那么，是时候决定我们想要并竭力追求的生意对象是谁了。

第 9 章
成功销售的第一步

我们已经明确了一点，就是大部分的销售人员都处在被动的工作模式中，等待机遇或者服务需求出现在他们面前。当你处在被动模式的时候，当然不需要一个目标清单来宣布你致力于追寻的业务目标是什么。你只需要每天起床后，对遇到的事情做出回应就可以。你只需要完成别人放在你桌子上的工作，而且经常会有很多。即使没有足够好的线索可以去追逐，却一直都会有优质客户让你去过度服务或者有邮件等着你回复。

尽管如此，一旦你决定了要对你想要的业务和如何分配自己的时间制定战略目标，情况就会变得非常不同。在一名销售人员确定要将被动工作模式转换为主动模式、对业务目标更加有计划性时，所需要的第一件东西就是一个目标清单。

就像当你外出狩猎时，你问的第一个问题很自然就是："我们的狩猎对象是谁？我们追赶的是谁？"

同样地，每当我第一次与需要辅导的个人客户会面时，在谈话的前十分钟，我就会要求看看这位销售人员的目标客户清单。这特别重要，因为如果不了解你追寻的目标客户是谁，我就没有办法让你的销售故事更有吸引力、让你的客户开发更有力度或者让你的探索和发现之旅更加完美。因此，确定你的战略目标是开展任何以新业务开发为焦点的进攻的必要第一步。

◎ 真正的销售猎手总是能够直指他们的目标清单

我注意到，顶尖高产的销售猎手有一个共同点，就是当被问到目标客户是谁的时候，他们都能够毫不迟疑地指向或者把手指头放在他们的目标客户清单上。不管是在办公室的白板上用白板笔写的还是打印出来的电子表格抑或便笺簿上的潦草字体，真正主动聚焦新业务开发的销售人员可以准确地告诉你并向你展示他们正在追寻的对象。

一名销售猎手的目标清单不会含糊不明或模糊不清。真正的猎手完全知道他们的业务目标，可以明确地说出这些具体目标在清单上的原因，而且他们会把日程表上的诸多时间块完全用来追捕这些目标。这种事情看起来充满美感。而且，这和那些通常很难找到并展示自己目前正在攻克的客户清单、表现不好的销售人员形成了鲜明对比。

　　几年前在新英格兰，我和一个某种程度上有点笨拙的销售代表共事过，这段经历让我想到了一个战略性的有限清单所拥有的力量。这位销售人员在他的公司算是位新人，因为他在这个职位上才刚干了八个月。那时我是这家公司销售领导部门的首席执行官的顾问，为公司的销售团队做一些基于《客户开发行动手册》的培训，偶尔也辅导一些个人销售代表或者花上一天时间在他们工作的地方感受一下他们的需求。

　　这位销售代表不够讨喜，而且他在社交方面有点笨拙。当他跟人们谈话的时候，人们很不舒服——而且更具灾难性的是，他还很喜欢说话。这不是一位销售人员该有的最佳特点。他还有一些不常见的爱好，并且还很爱把这些告诉客户。他的着装品位也不太好，衣服和发型都是过时的。从我在他旁边的那一刻起，我就希望远远离开。现在你知道他是个什么样的人了吧？是不是很确信你不会聘用他？我也不会。

　　可问题就在于，这家伙表现出众。在入职之后很短的时间里，他不仅建立了销售团队里最健康的渠道之一，还和两家重量级的目标客户做成了生意——这种订单通常至少需要六个月才能达成。有一天，我遇到了那位负责销售的首席执行官，他问我对这位销售人员的看法，我抿了抿嘴唇，摇了摇头，什么也没说。这位首席执行官手里拿着渠道报告，从老花镜的上方看了看我，然后目光又回到了渠道报告上。然后，他开始说，这些有潜力的客户已经进入了"笨拙先生"销售漏斗中的"活跃机遇"阶段。他摘下老花镜，疑惑地看着我，问："这是为什么呢？温伯格，你对他有什么看法？"

我继续摇头，最终说："我也不知道。"

最后，我们决定去一趟新英格兰，亲自看一下这位笨拙但业绩超出预期的代表是怎么工作的。我猜想，首席执行官担心"笨拙先生"对买家行贿或者欺诈，因为他的业绩和我们看到的他的表现完全不符。

我跟"笨拙先生"约好在他部门附近喝咖啡，他非常兴奋地跟我说着他为我们这一天做的准备，兴奋得都过了。在咖啡厅里，有好几次他提到等不及要给我展示他办公室里的东西。我并不确定会看到什么，但是我的直觉是，不管是什么，都很可能会让我不舒服。在（笨拙地）把我介绍给前台接待员以后，他带着我走进了他相当大的办公室，然后隆重地朝着远处的墙壁做了个请的姿势，并兴奋地问："你觉得怎么样？"

在远处的那面墙上，我看到了一幅杰作。如果毕加索做销售，那么他的办公室墙壁就应该是这个样子！整面墙都用白板漆喷过了，这名销售用彩色马克笔创造性地将他的目标客户和销售渠道结合了起来。看到我正惊叹于他的创作，这位销售代表（出人意料地）表现出了惊人的耐性，在我完全弄明白之前没说一句话。当他让我单纯地呆呆看着这一销售蓝图并开始处理这些信息时，我第一次觉得他是有情商的。

接下来的一个小时，我们详细分析了他的清单。正如你知道的我常做的那样，我问了几十个问题，但是每一个问题都得到了一个聪明、有战略性的答案。我本来对于要和这位销售人员待一天是充满焦虑的，但是当我意识到我身边坐的是一位销售服务人士的时候，我的焦虑感逐渐消失了。他并没有通过贿赂或者欺诈买家来创造所有这些销售机遇。让我们为原来的猜测感到惭愧。他付出了更多的努力、思考和分析，来构建他的个人目标客户清单，比我多年共事过的任何人付出的都要多。所以，尽管他在社交方面很笨拙，而且他的服装品位亟需升级，但是他精准地聚焦于通过追加主要销售和交叉潜在销售，将战略性潜在客户和少数现有客户正确地混合在一起，这让他自己注定大获全胜。

我和这位销售员相处的时间越长，越欣赏他的见识——不仅仅是他对市场和自己职位的融合度的理解，还有他准确地察觉到了自己选中的几家公司开发新业务的需求。这位销售人员是"战略性"的典型，而且让那些把自己的目标清单视作理所当然、不付出必要努力来确保清单上的客户合理性的一般销售人员相形见绌。

我爱这个例子，不仅因为这是一个很有趣的故事，还因为它完美地展示了拥有一个小的目标客户清单是多么重要。这里想说明的**销售真相**是，如果一位销售人员努力为所在公司提供一个能精准聚焦在潜在客户上的好方案，而且这些客户可能需要这个方案，然后这位销售人员便疯狂努力以求出现在这些客户面前，那么，真正的好事情就会发生。

◎ 时间是最公平的，但是客户却并非生而平等

现在我再一次讨论时间。如果你能感受到这个主题是流动的，那么我将为你鼓掌。时间并不是一个很时髦的话题，不新鲜也不酷。它是持续不断的，我们每个人所拥有的时间量是完全相同的。我喜欢告诉经理人和销售人员，时间是最公平的。我们都受其支配。它是有限的。你不能创造或者购买更多时间。一旦你使用了它，它就消失了，永远！

有这样一个事实作为背景，让我们来检查一下为什么你的目标清单可能成就你也可能摧毁你。正如我们之前所谈过的，拿出专门的时间块来致力于创造新机遇是非常有必要的。而你在这些时间块里所取得的成就和你追寻的目标清单的质量是直接关联的。当然还有很多其他因素在起作用，包括你的个人销售技能、你的信息（我们下一章将会着手探讨）及你在进行客户开发和确保前期会议时的有效性等，但是所有的一切都始于你的目标清单。

如果追寻的客户是错误目标的话，即使是最有天赋的销售人员也不能产生最佳的销售结果。暂停一下，把这个前提消化吸收掉。在销售这个行业，你可能从外表到个性到商业头脑都天赋异禀，你也许有着最吸引人的销售故事和最高明的探索技巧，也许可以做出最有力度的展示报告和最完美的提案，但是，如果你把时间和精力花在追寻错误的目标上，你将会持续不断地产生不太理想的结果。你的战略性目标清单实在是太重要了，很有必要把它钉在你进行销售进攻的前端。

　　我想起了我的朋友 Jeb Blount 的一段非常棒的话。他是一本非常了不起的多年畅销书《疯狂客户开发》的作者。有一次，我和 Jeb 一起参加一个在线研讨会，会上我们向听众着重强调了进行时间划块管理并在规定时间块内落实已制定好的日程安排的重要性。有位与会人员问了一个问题，关于如何解释在客户开发时间块内花费时间来研究潜在客户。当我开始回答时，Jeb 忽然打断了我，因为我的回复太温柔了。我永远不会忘记 Jeb 的这些话，因为这是他的典型风格："每个人，听着点！研究不是开发。研究是研究，开发是开发。你们可不能将二者混为一谈。"

　　除此，我喜欢 Jeb 的观点还有另外一个原因。是的，如果我们安排好了进行对外活动的时间块，那么我们需要做的是打电话和发邮件，而不是花时间研究我们努力想要联系的对象的细枝末节。有大量不愿意打电话的销售人员会把一个潜在客户研究到死，也不会想起来拿起电话。我很同意，这样做既愚蠢又无效，这也是为什么 Jeb 这么强势地认为不要混淆了研究和你真正对外的努力。对那些把目标清单锁定在面前的销售人员来说，还可以获得一个额外有价值的好处，那就是他们的方向是确定的。锁定目标清单的销售人员不会毫无目的地闲逛，不会不确定他们应该追寻的客户是谁。相反，他们完全确定哪些目标客户是他们应该致力追寻的。

　　我很长时间以来一直在宣扬，每一个有目标或者指标的销售人员都需要有一个战略性的、有限的、写下来的目标清单。而且我一直在督促销售人员把现有的客户分成不同的类型，因为并不是所有的客户一开始就是平等的，而且并不是所有的客户都值得我们付出同样的精力和关注度。最近，因为看到太多的销售团队对自己的目标清单感到困惑，再加上管理层常常忽视这个重要话题，于是，我把我的培训进行了简化，用下面这张图进行解释说明。

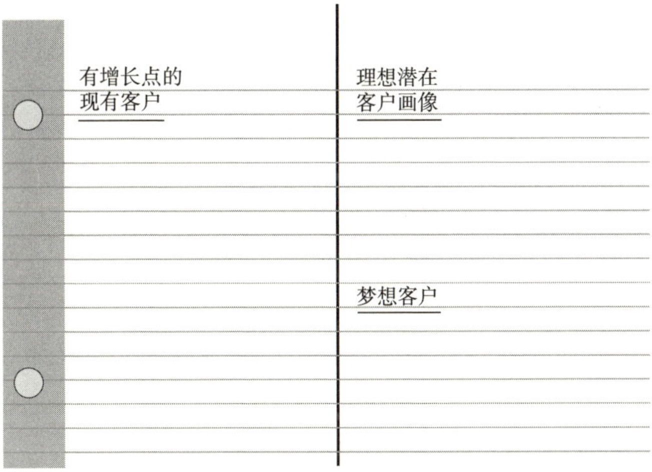

图 9-1　战略性目标清单

这个简单的图是我作为一名销售教练的想象。我经常想象，如果每一个以新业务开发和效益增长为目标的销售人员都有一个这样分成了两栏的战略性目标清单，那么他们将会多创造出多少新的销售机遇、多获取多少新业务。

我发现，这个框架并不适合每一名销售人员。有些销售人员并没有被分配到现有客户，因为有其他人专门进行现有客户关系管理。在这种情况下，我们需要相应地调整一下清单的分类或者组成。尽管如此，我共事过的销售人员中有80%以上的人既要进行现有客户关系管理，又被要求开发新客户，而且这种模式还特别有效。

让我们先来看图的左半部分。在这个地方，我们列出有增长点的现有客户。这里的关键词是可增长。我之所以对这个话题慢慢道来，是因为管理现有客户关系或者负责某一区域的销售人员普遍陷于一种客户管理或者区域管理思维定式。他们把自己当作客户或者所负责区域的守门人，而不是业务开发者。他们认为自己的首要责任是要照顾客户或者维护他们被委任的区域。这些满脑子照顾和维护的销售人员错失了令人震惊的新订单量，因为他们忽视了自己最重要的工作，反而变成了保姆和好名声的客户服务代表。这太可怕了！请第 N 次重复下面这句话，希望你能真正地把它消化吸收掉：

一个专业销售人员首要的、最重要的、主要的和基本的工作是增加销量、提升收益、开发新业务。而这些，没有销售人员的努力，是不可能实现的。

正是因为这一点，如果我们想要创造更多新机遇以求赢得更多新订单，我们要把能带来好处和有潜力让我们卖出更多产品的现有客户列出来，从而开始我们的战略性目标流程。

如果现有客户关系没有增长点，就说明我们已经从这项业务中获取了最大份额，没有可能再向他们卖出更多产品。再简单一点说就是，如果客户不能从我们这儿买更多东西，那么我们就不应该把他们当作新业务的目标。这很符合逻辑，对不对？

我希望你不要过度解读我现在所写的内容。请不要把我这里提倡的误认为是指导你要忽略、虐待或者怠慢那些没有增长点的客户。我绝对没有这么说。不过，我现在恳求你后退一步来重新看一下你对待自己客户的方式，并衡量一下你是否对你大部分可增长的客户投入不够，因为你让那些没有增长点的客户占据了你太多的脑容量和时间，而他们并不值得你付出这么多。

对于这个话题，在两年前的夏天，我见过对此感到最愤怒的高级主管。那时，我受一位新任命的总裁邀请去主持一个两天的会议。这位总裁已经换掉了原来负责销售的副总，并简单地告诉我，尽管现在市场不景气，但留下的这支销售团队却骄傲自满且极其瞧不上客户服务。现在进行业务增长唯一的方法就是从竞争对手那里抢业务，但是根据他的前期了解，这支长期以来存在的销售力量却很难进行调整，看起来并不愿意把业务增长优先于区域管理。会议一开始就验证了他的认知是准确无误的。

为了把目的说清楚，这位总裁把这次会议命名为"**业务增长会议**"。

会议的第一天，我们拿出几个小时的时间，让每一位区域经理来简要展示一下他下半年的业务或区域"增长计划"。但是，这些长期的销售代表却利用这次机会阐述自己的观点，直接对这位总裁嗤之以鼻（更准确地说，是指着总裁的鼻子表示不屑）。销售人员一位接着一位站起来展示自己的计划（这是一家处在铁锈地带的老式工业公司，销售力量是专门人员），在仅仅听了十五个报告中的三个以后，就可以很明显地感觉出来，这些代表们已经就报告的内容一起密谋过。他们没有把报告聚焦在他们将如何增加区域收益上，而是一个接一个地分享他们将不得不花费多至 90% 的精力进行"区域维护"。每个人都用了维护、区域维护或者客户维护等字样，而且每个人最终都提出了一个数字。在我检查销售或区域业务计划的这么多年里，从来没有遇见过这种情况。

在第六个报告结束以后，这位总裁大发脾气，并明确说明了报告需要说的内容。他用这些销售代表们亟需听到的真相严厉地批评了这支销售团队，而我则渴望在第二天对这一点进行强化。把自己当作一名区域守门人不会带来销量增长，而过度服务现有客户也不是赢取新业务的方法。这家公司销售不景气的主要原因是，负责增加收益的人自主决定他们是来"维护"业务而不是扩张业务的。故事到这里结束了。

这一点已经说得够明白了。对销售人员来说，如果他们管理着现有的业务、投资组合、区域、客户或者其他，那么要想有意识地专注于创造新机遇和开发新业务，他们只有严格地控制自己的守门人或维护活动，并把这些时间重新安排，专门用来主动为有增长点的客户服务，除此之外别无选择。这也正是为什么有必要把精力放在创建战略目标图表左侧清单的原因。一旦销售人员列出了那些最有增长价值的客户，他们就必须要倾注全力去开展聚焦在那些已确定目标客户上的活动。目标清单上确定的客户会推动每一位销售人员的日程安排。这样我们就可以让销售人员停止做那些不用动脑子的"牛奶配送"工作或持续拜访他们最爱的客户，而是挖掘出更多有潜力开发出新业务的有挑战性的客户。

◎ 确定你的理想画像客户和梦想客户的名字

如果你是一名销售人员，有通过获取新客户拉来新业务的任务，那么，完成目标清单的右边那列和左边的一样重要，甚至可能更重要。在这里，我们会决定我们真正想要的和将要致力追寻的是哪些非现有客户业务。

我不是一名市场营销人员，没有人找我询问市场营销战略，我也不会假装自己拥有这个领域里的专业知识。但是，对于哪些是销售人员应该为了新业务而将其当作目标的潜在客户，我有一条特别强烈的建议。这一理论有理有据，又非常复杂。它的形成源自我作为顶尖高产的销售猎手二十年间的经验，和我对横跨多个行业、成百上千个其他顶尖高产的销售猎手的观察。请准备好聆听这颗来自受教于纽约公立学校的作者的智慧之珠：销售人员要有意地把那些看起来、闻起来及感觉起来和他们公司现有的最好客户相似的客户当作开发目标客户。

被这一厉害的认知震惊到了？希望没有。

在我猎取新业务时，不管是推销定制塑料零件、直销计划、云基础学习管理系统还是做咨询服务，我基本且简单的目标哲学是找到一条抵抗力最小的道路。我不会试图拾人牙慧，或者宣称做一些新鲜、不同和困难的事情。我只想尽快、尽可能多地拉来新业务。最好的方法是什么？了解你最好的客户的特点——这些人爱你，欣赏你传递的价值和你及你的公司或者你的解决方案提供的结果。一旦你抓住了那些关键特征（规模、位置、产业垂直、商业模式等），就可以画出一幅理想客户画像，来描述属于你自己目标清单的潜在客户类型。

要成功地填满战略目标图表的右侧，下一个关键是要真正确定潜在客户的具体名字，把这些名字列在你的清单上。我没办法告诉你有多少次我问一个销售人员他们现在的目标是谁，结果却得到一个极度笼统、模糊不清的答案。请不要告诉我，你的目标是你负责区域里的5个县或者5个州里所有以XYZ字母开头的公司，这不是一个具体的清单。也不要告诉我，你的目标是东海岸的顶级建筑公司，或者是大银行，或者是小银行，或者是所有人口超过25000的都市的运输部门。把名字说出来！

具体和清晰很关键。如果没有一个十分清楚的清单，标明具体客户的名称，甚至有这些客户具体联系方式（或者，至少是位置类型），那么你就不可能集中火力进攻。当销售团队或者销售人员个人没有聚焦在一份确定了目标潜在客户的清晰、有限、战略性的清单上时，我从未见这样的团队在新业务开发进攻中胜利过。还记得新英格兰那个笨拙的销售代表的故事吗？他之所以能够碾压指标数字，是因为他不仅创造出了自己理想客户的画像，还在创造清单之前就做出了很多努力。他是我们的榜样，请跟随他的脚步，进行研究，付出努力。在前端制定清单，这样你就可以把焦点放在狩猎清单上的目标上。

让我来简要解释一下出现在我们图表右侧最底端的梦想客户部分。我喜欢销售人员在他们的目标潜在客户清单上留出一小部分给那些巨人似的庞大客户。在追逐梦想客户方面，没有人比 Anthony Iannarino 写得更好，他也很善良地为本书写了序。Anthony Iannarino 的新书《吃掉别人的午餐：从竞争对手手中赢走客户》绝对是这一话题的必读书目，在提供成功所需的方法和工具的同时帮你制订攻克梦想客户的计划。

我很爱销售人员本能地去追逐他们竞争对手的最大客户。我为他们的勇敢和意志喝彩，因为他们勇于参加一场高风险的战争。在这里，和获得胜利比起来，他们更可能会满身鲜血。用尽一切手段，努力争取。确定几个你致力追逐的大客户名单——这类客户如果你获得了就会改变你一年的业绩，甚至很可能改变你的职业轨迹。但是我最强烈的建议是，不要把全部的鸡蛋都放到这几个可能性很小的篮子里面。一定要确保在你追逐这些梦想客户的时候，也要继续为你所有的"普通"规模的目标客户而努力。正是这些常规的交易类型为你月月支付账单。你期待让一个梦想客户做你巨大的庆祝蛋糕顶端的糖霜，但不要指望它为你的房屋费用买单。

◎ 寻求意见和建议，并将你的有限清单坚持执行一季度

关于你的清单，我还有最后两个想法。首先，不要孤军作战。因为这件事情太过重要，你不能全靠自己一个人来处理。你在创造机遇和达成新业务方面的最终胜利直接与目标清单左侧和右侧所列的客户相关。这个时候，不要做一个独行侠。确定你的目标客户是使你作为销售变得具有高度战略性少有的机遇之一。因为，我们日

复一日做的大部分事情都是战术性的，且和执行相关。所以，创造我们的清单时，正是我们需要智囊团的时候，而不仅仅是我们个人的一己之力。再一次声明，如果追寻的目标是错误的，即使是最有天赋的销售人员也不会达到原本可以达到的成功。

寻求意见和建议。和你公司内部和外部的人聊一聊。如果你是一名销售人员，安排出时间和那些能为你提供智慧、经验和观点的人谈一谈，他们可以是你的经理甚至是公司里的其他人。如果你是一名销售经理，我恳请你花时间和那些向你汇报工作的每一名销售人员都见面聊聊。你不能理所当然地认为自己销售团队成员的目标客户都是正确的。你作为一名经理的成功依赖于你的团队从他们主动服务的客户身上拉来新业务。因此，这时你需要细细查看他们的目标清单，而你的团队成员也需要你的尽力思考，而不仅仅是匆匆一瞥。

第二，将这一有限清单坚持执行一季度。我不是说让你把这些名字刻在石头上，但是我强烈建议你不要像换衣服一样经常改变你的目标客户。对那些没有耐心和经验的销售猎手来说，当他们没办法如愿地从目标客户那里创造机遇时，他们很容易感到挫败。于是，当进展不顺利时，人们很容易抛弃这些名字，并用新的替换掉。而那些更明智、更有经验和更成功的猎手则更有耐心，他们会不断地提醒自己最好的客户是最难攻克的。我们有充分的理由把这些目标客户放在清单上，他们要么是有增长点的现有客户，要么是拥有完美画像的潜在客户。我们想从他们那儿获取业务，而且毫不怀疑地坚信我们可以向他们传递很棒的价值。所以，慢点划掉清单上的名字。在我个人的销售生涯中，我的一些最好、最大和最能带来利益的客户花费了我很长时间才获取，而且我相信，如果你问其他顶尖高产的销售人员，答案也是一样的。

第 10 章
一条有吸引力的信息赢得未来

　　一旦你脱离了客户管理思维模式，解放了日程表，将更多时间用在积极主动的销售活动上，并确定了自己的战略目标客户清单，那么，就没有什么比精心编制一条有吸引力的信息更能增加你赢取新订单的信心和有效性了。

　　打磨好我所说的**销售故事**，能让你获得超出想象的额外收益。当你的销售故事能一语中的时，销售就俨然成了一个全新的游戏。一条有吸引力、以客户问题和客户成效为中心、与众不同的信息会改变一切，真的是一切！你将有五大方面的获益：

　　首先，它能给你自信——进行客户开发的自信和与任何人会面的自信。我能够与不同的企业家、高级主管、销售领导或者销售人员交谈，是因为我知道我嘴里说出来的头几个想法就能够引起对方的兴趣、好奇心、信任和对话的意愿。给我十秒到一分钟，让我来分享我的"故事"，我会将有吸引力且重要的谈话内容串联起来，并确保一语中的。当你对你的信息有这种程度的自信时，客户开发就变得简单多了。在这种情况下，你会变得很期待客户开发，而不是担心。相反，如果你对自己的信息并不自信，那么，我就不知道你到底怎么才能够鼓起勇气打电话或者相信自己能够有效地开发潜在客户了。

其次，一条能够解决客户难题和改善客户收益的有力信息也能够引起你的目标联系人的注意。当你的故事和你的联系人深度相关时，他们马上就会被吸引，开始听你说话。

第三，你的有效信息不仅能够获取客户的注意，还能够改变整个"买家—卖家"的互动。常规情况是，一名销售人员刚一开始说话（推销），买家就开始抵触。大部分销售都是以产品、服务或解决方案为主导，但是这种聚焦自我的信息常常把客户推远，因为客户会很快感受到这一点并开启自己的防御盾牌，这是无意识的。只要销售人员说起或是发送邮件（一次聚焦自我的推销），买家就会很快后退、抵抗并采取防御姿态。但是，如果销售人员有一则有吸引力、聚焦客户问题或收益的故事，那么情况就会非常不同。不再有海兹曼纪念奖^①式的铁臂停止标志，买家在听到一条跟自己有关、聚焦在自身问题和收益上的信息时，会表示想听更多。这种聚焦客户的

---

① 海兹曼纪念奖是一项授予美国大学美式橄榄球运动员的奖项。海兹曼纪念奖奖杯的造型以橄榄球员的标志动作作为模型，奖杯由青铜铸造。

信息很快会让人认为销售人员是价值的创造者和专业问题的解决者，而不是兜售产品的摊贩。

第四，解决客户问题的信息会让客户更容易面对你的开发性努力，并让客户更愿意回答你的探索性问题。当客户听到我们帮助的都是和他们相似的人或企业时，他们会变得更加愿意分享他们自己的处境。一条好的信息能证明我们是专家，并让客户更自在、更坦诚。

第五，一则真正很棒的销售故事会将你和你的公司分开，帮你证明自己的高价值。当你的故事更多与客户以及他们的需求、渴望、风险、挑战、主动权和预期结果相关时，你就会让人记住。这是一条和大部分销售人员的选择非常不同的道路。客户会很好奇，因为你听起来一点儿也不像其他的业务销售人员，后者要么谈产品要么吹嘘自己的公司有多棒。

你的故事的另一个重要功能就是让你的价格合理化。当你比竞争对手收费更高时，你需要明确说明你的解决方案创造了哪些更高层次的价值。正如我多次写过的，一个高的价格需要一个优质的故事，而最能证明我们的高价格物有所值的则是一个能够有效地描述其他客户通过购买我们的产品所达成的收益的故事。

◎ 信息聚焦自我是大部分普通销售故事所犯的错误

销售人员在分享他们的故事时会犯很多错误，但是至今最常见的一个就是以自我为中心。出于一些我不能理解的原因，销售人员喜欢谈论他们自己的公司，而很多营销部门则协助和支持销售人员犯这一常见错误。

在公司网站的"关于我们"部分，开头就是长长的、无聊的、目光短浅的公司历史大事记，或者是塞满了组织结构图的幻灯片，这明显说明，太多的市场营销经理对于什么是与客户相关的一无所知。而销售人员，尤其是那些更没见识、更新或者更弱的销售人员，会遵循营销部门的指导，最后将这些无聊、无效、自我的蠢话作为自己信息的一部分。

略微高明点的销售人员则会从讨论他们的公司开始，然后把阐述产品的特性当作故事的焦点。大家都知道开始就聊产品是非常糟糕的销售方式，因为往好了说，这会让你变得商品化；往坏了说，你会被无视掉。让人奇怪的是，尽管如此，还是有很多销售人员满脑子都是他们的产品，痴迷于谈论产品特性。这种情况在销售人员卖任何东西的时候都会出现，从大数据到大设备，从塑料产品到薪酬服务。不管他们是在演示一个智能的软件方案还是展示一辆重型卡车，信息的焦点都是一样的，絮絮叨叨毫无价值。

◎ 做一下这个低压情境下的销售故事测试

当帮助销售团队开办研修班时，我喜欢用一个练习来测试参与者，即迫使他们在一个低压力的情境下讲述他们的销售故事，然后再用如何深入进行综合性的练习来打磨他们的信息。

下面是我要分享的情境，希望你在继续阅读之前也跟着做一下这个测试。你和你的邻居一起参加一个社会活动，也许是一场重要的足球比赛之前的车尾派对，也许是独立日当天邻里间的烧烤，也可能是孩子学校里的某项活动。选择任何一个更适合你的场景，或者改成任何对你来说更真实的情境，总之，让你可以和一位邻居或者好朋友一同前往。我呢，将用车尾派对这一情境来开始这一测试。

你和邻居开车前往聚会地点，他兴奋地告诉你 ABC 公司的 Joe Wilson 也会参加比赛前的车尾派对，而 Joe Wilson 恰好是你目标清单上所列的梦想客户之一的完美联系人（正好是负责人或主管）。你听完很激动，并感谢邻居提前告诉了你这一消息。因为 Joe Wilson 是你特别想见的人，但是苦于一直没有机会。你的邻居是通过一位他和 Joe 共同的朋友知道 Joe 的，也希望把他介绍给你。当你和你的邻居走到 Joe 参加派对的停车场的时候，你注意到每个人都很开心，整个场面也非常美好。你的邻居很快发现了 Joe，过去和他握手，并把他带到你这儿。Joe 正笑得合不拢嘴，看起来刚刚喝了几杯啤酒，脸颊上还有吃香肠留下的芥末印儿。

你的邻居说："你们两人应该认识一下。Joe，这是我的邻居［你的名字］，他在［你公司的名字］工作。"

Joe 笑得更开心了，并愉快地跟你打招呼："很开心见到你。我听说过［你们公司］。我正好想知道你是做什么的，你最近在忙什么呢？"

所以，你在一个安全、有趣、低压力的环境中，你梦想的潜在客户的完美联系人正特别开心，并询问你的工作内容和你的公司是

做什么的。我现在给你三十到四十五秒钟的时间来回答 Joe。你将会
说些什么，能够吸引他邀请你稍后去他的办公室面谈。现在请拿出
时间来快速列出几个谈论要点，并认真思考一下你会怎么回答。我
知道，因为你是一名非常专业的销售人员，所以你的销售本能告诉
你，与其和 Joe 分享你的故事，不如反过来问他一些问题。我为你
创造对话和开始探索的销售本能鼓掌，但是，这并不是这次测试的
重点。所以，请抑制住你的本能，继续执行我的要求。请接着编五
个左右与 Joe 分享的要点。

　　我特别希望能够听到你的回复，因为这可以让我们在这种情境
下我们能说什么或者我们应该说什么坦率地交流意见。每次引导这
个测试的时候，我都会学到一些东西，但不幸的是，我经常感到失
望，因为对于这样一个如此重要的潜在客户，很多销售人员回复清
单上的要点平淡无奇。下面就有几个销售人员通常会分享的讨论要
点样本：

- "我们提供［请自行填写］。"
- "我们是这个领域最大的 DEF 公司。"
- "我们制造 / 生产［请自行填写］。"
- "我们这项业务做了四十七年了。"
- "我们是私有企业。"
- "我们的独特工序有［请自行填写］。"

这些谈论要点有什么问题吗？它们本身和它们所涵盖的内容都没错，但是作为你销售故事的开头，它们错得离谱。这些要点的中心是什么？它们要么是关于公司，要么是关于产品，却没有什么和潜在客户有关，甚至一点儿也没有。对这位你梦想中的潜在客户来说，他没有任何理由给予关注，而且完全没有什么相关的理由让他有可能邀请你进行会谈。

我曾经好几次受邀为一家大型的生产重型货车的美国公司培训销售代表。它们做这项业务超过了一百年，拥有一个真正的标志性品牌。它们的经销商做它们的产品代理有几十年了。所以，可以理解的是，这些经销商因为自己拥有长期卖这些货车的历史而感到非常自豪。但是，有时候自豪、长期的占有实际上反而会阻碍销售的有效性。这些经销商的销售代表已经推销了这个品牌很长时间，以至于很多人已经忽视了哪些和客户有关，以一种短视的思维模式进行推销。当我引导这些经销商的销售代表做同样的低压情境测试时，尽管我已经指出了在故事的开头讨论公司和产品这一陷阱，他们依然花费惊人的时间、飞快地背出这种以自我为中心的分享要点：

我们代理的是一家历经四代的家族企业，我从 1992 年就在这儿工作了。我们有十四个代理点。我们今天卖的每一辆［品牌名］货车都有一个以数字"1"开头的序列号，而且我们已经售出的每一辆［品牌名］货车也都有一个以数字"1"开头的序列号。因为这些货车一直以来都在美国制造。

诚实地讲，我喜欢这种自豪感，我尊重这个品牌的传承，我也很羡慕这些经销商全心全意为制造商代理，我甚至对这些经销商能够一代一代继承品牌的力量感到敬畏。我对这些经销商真的全是好感，它们中有很多还直接邀请我去帮助它们的销售团队或销售经理。但是，当我听到它们的销售人员机械地重复这些陈旧、自我的销售故事的谈论要点时，我不得不对他们吼道：

客户才**不会**在乎你是做什么的，才不会管你有多爱你的公司或者你的产品，也不会关心你在这行干了多少年。他们只想知道什么跟他们有关系。

我继续把他们一通教训，嗓门也随着每句话越来越高，人也变得越来越气愤：

我这辈子只开过一辆重型货车，还是在你们工厂的试车跑道上。我虽然对货车和货车行业一无所知，但是这些我是知道的：你们的客户脑子里想的最大的问题是司机的招聘和留用、节能、运行时长和买下来以后的总花费。我只知道这些，因为每次我参加重要会议，[品牌名]都会和你们分享这些重要信息。所有的产业数据也都在说明同样的事情。所以，如果客户们最先想到的是这四件事情的话，为什么你们还要坚持一张嘴就说自己在行业里代理了多少年，并无数次吹嘘[品牌名]货车在美国制造呢?!

如果你正在消化我的咆哮，请不要试图将这一切归因于他们只是货车销售人员，并认为你们公司的人更有经验，不会在和客户谈话时一开始就聊公司历史。我向你保证，很多我们认为经验丰富的销售人员也是这么做的，甚至更糟。即使是在我最复杂、最有经验的客户（一家国防公司）中，那些受过高等教育的（工程学的硕士或者博士）业务开发经理经常在汇报的开头展示组织结构图，就好像人类历史上的客户都会坐在旁边期望供应商走进来、展示一幅组织结构图似的！所以在认为你不会犯这种销售故事上的错误之前，我想请你认真地照一下镜子，或者重新认真看一下你向外发送的电子邮件、打电话进行客户开发时的谈论要点、语音邮箱的介绍和报告的头几页。

◎ 绝对不要回答这个问题，起码不要按照提问方式回答

现在你已经完成了那个低压测试，对我的咆哮不屑一顾，也复习了很多"携带"信息的关键销售工具的故事开头，那么，现在让我进行一些有针对性的指导。

在销售过程中，我们经常被问到一些看起来很单纯的问题，但是我强烈建议永远不要回答这些问题，或者至少不要按照提问的方式回答。非常常见的是，人们会以不同形式问到我们这个问题：

"你是干什么的？""你的公司是做什么的？"

回顾一下那个低压测试，你会发现这正是 Joe Wilson 在车尾派对上问你的问题。而 Joe，和其他单纯提出这个问题的人一样，很真诚地想知道问题的答案。人们问我们问题，不会是为了耍我们。他们确实想知道。但是，如果你对这一问题的任一形式提供了答案，毋庸置疑，你最后谈的都是你和你的公司的工作内容，诚实地讲，这并不会帮到我们。令人感到残酷的现实是，买家对你的工作内容

无动于衷。因为，他们真正想知道的是你能为他们做什么！换一种略微不同的方式来重复一下这个观点：从客户的角度来看，我们做什么跟他们毫无关系。他们完全不在乎我们"提供的东西（产品和服务）"。他们想知道的是我们（和我们的解决方案）能帮他们达成什么。是不是很狡猾？是的，但是这对我们极其重要。

正如你在第 4 章里了解到的，我不是某位政客的拥护者，通常也不会把他们当作我们应该学习的榜样。但是，在现在这个特殊的情况下，我们可以从他们处理提问的方式中学到很多。在这一领域，经验丰富的政客让我们感到印象深刻的是他们在回答问题时巧妙地将被提出的问题转化成不同的问题的能力。你有没有发现，当政客被问到一个特别直截了当的问题时，他们很少给予一个简明、直接的回复？我认为他们不是在试图逃避问题，而是因为他们在有意识地向目标听众传递某一特定的信息。所以，传递一条直中目标、有吸引力、以委托人（客户或潜在客户）为中心的信息是销售人员必须学会并熟练掌握的事情。

◎ 将以自我为中心的信息转换成以成果为中心，从而强化销售故事的力量

有两条关键途径可以强化你的销售故事。首先，我们不要再说和写那种几乎每个销售人员都会使用的懒惰、欠考虑、简单、无力、以自我为中心的废话。请停下来，完全停下来。就像如果在比赛中抽到了拳击手 Roberto Duran 这样的人，直接把手举起来认输，说

"不要再打了"。第二条关键路径就是把我们的信息开头转化成我们可以为客户提供的成果。

对销售中的很多人来说，这意味着彻底改变一直以来使用的传统的进行客户开发、展示报告和提案的方式。报告的演示稿中再也不要出现建筑物的照片，除非你是在一家建筑公司或者度假胜地工作，否则没人想看你们公司的大楼。一旦你在销售中向客户展示了一张你们公司大楼的照片，那么，你很可能会失去这次销售资格。如果你任性的老板或者无知的市场营销人员把你的报告演示稿退回来，认为连一张他们心爱的建筑照片都没有是很疯狂的行为，把我的电话给他们，我会让他们见识一下什么叫疯狂。

不要再列你们能做什么；不要再一开始就展示一堆特征；不要再在故事的开头聊你们公司在这行干了多久或者现在是家族企业的第几代；不要再翻着桌子上的宣传册或者一堆案例开始打销售电话；不要再在打电话、语音留言或者发电子邮件进行客户开发时，一开始就说："我们是一家……我们制造 / 生产 / 经销……"

把以自我为中心的语言转换成以客户为中心的语言，没有什么比这能让你的信息更有力量的了。把那些"我们是"和"我们做"的用词替换成能推动成果产生的谈论要点。我们的故事需要快速切入客户脑子里首先想到的问题。你的客户和潜在客户都有一些亟待解决的问题和希望消除的烦恼。他们希望减少依赖性、减轻风险、克服弱点，他们渴望体验新鲜和改善后的结果。所有这些都是成果。如果客户听到或者读到的头几件事情就是与他们密切相关的问题，想象一下，你和你的信息将会受到多么不同的待遇。

在我的《客户开发行动手册》一书中，最受欢迎的章节之一是第 8 章——"打磨你的销售故事"。在那一章里，我列出了要编出一则有吸引力、聚焦客户、与众不同的故事所需的三个关键要素：

● **你为客户处理的问题**（你能达到的成效）

● **你能提供的服务**

● **与众不同的要点**（能区分出你、你的公司和你所提供的服务的不同之处）

在那本书发行之后，至今我已经亲自帮着打磨了成百上千个销售故事，我坚信，比上述三点要素更重要的是要特别快速地明确客户的问题和你能提供的成果。当我们通过在故事开头聊客户关心的问题而吸引住客户的心神时，好事情就会随之而来。

但是，这样做的挑战在于故事开头就聊问题和成果是很不自然的事情，因为我们通常不会这么说或这么写。再次回顾一下 Joe Wilson 和他在车尾派对上的问题，他并没有问你的公司可以为他达成什么。他只是问了你的公司是做什么的。自然、简单的回应方式就是回答这个问题。而且，当我们进行客户开发或者开始发起一个发现会议（早期的销售电话）时，自然、简单的做法就是一开始跟潜在客户聊你的公司和你的解决方案。

如果有人问我是干什么的或者让我跟他们讲讲我的业务，简单、懒惰、本能地回应方式就是单纯地回答这个问题。"我是一名顾问、教练、演讲者和作家。我为主管们提供咨询，培训销售领导和销售人员，主持销售培训研修班。另外，我写了三本书。"尽管这段话很流畅，而且听起来还不错，但是它不但以自我为中心，全是跟我个人有关，而且不管是从方式、类型还是从形式上一点儿吸引力都没有。除非问我问题的人当时就是需要有这些特定能力的人，不然这个信息就是失败的。谁在乎我培训销售人员或者写书呢？就算在乎又能怎样？

因此，如果我不再罗列我的能力，而是把回答的核心聚焦在我能为客户解决的问题和我可以帮助客户达成的结果上呢？那样我的故事会有多么不同、多有力量？"高级主管们在他们的销售团队处于被动模式时会向我寻求帮助，因为他们的团队要么完全错失机遇，要么失去先机、被客户当作商品销售人员以至于不得不在价格上做文章。我帮助他们的销售人员熟练掌握如何创造新机遇、维持渠道健康和充盈，以及达成更多的新订单的方法。"

不要对这两种版本的销售故事的对比结果感到惊奇。它们的不同效果显而易见，差异大到就像黑夜和白天。如果你可以通过聊天流利地说出相关且有吸引力的要点，简洁地说明你们公司或你的解决方案所传达的价值，那么，你在创造新机遇时将会增加多少自信、提高多少效率？再想象一下，如果你有好多套不同的谈论要点，根据你对特定潜在客户和现有客户的了解，选出最相关的那套来用，你的销售故事会产生多大力量？

◎ 用这些"连接用语"来连接你的信息

很少有人会直接过来问我们，我们可以为客户解决什么问题及我们的解决方案可以产生什么样的成效。进一步讲，正如我们之前提过的，在故事开头就分享有关我们自身、我们的公司和我们的解决方案是更加简单和自然的做法。这也是为什么大部分销售人员都屈服于这种低级做法的原因。这么做不需要付出任何额外的努力，但是如果要想打破这种模式、粉碎这种信息开头以自我为中心的习惯却需要花费心思。

我们需要一种机制来迫使我们脱离这种传统的故事分享方式，将我们"连接"至讨论我们要处理的问题和可以为客户达成的效果上。这也是我创造出我称之为"**连接用语**"的原因。

连接用语可以有力地避免我们在信息开头就聊我们自身，而是驱使我们去罗列客户的问题和我们可以达到的成果。在上面提到的我自己的销售故事案例中，你可以看到第一句话是如何让我不以简单的方式回答"你是干什么的"这个问题的，而是促使我转而讨论我如何帮助销售领导和销售团队克服挑战及我可以提供的结果或成果。就是这么一句简短却有力的句子达成了这样的效果："高级主管们会在他们……的时候向我寻求帮助。"就是从这儿开始，我转而开始罗列几个我处理过的客户问题，而且是我感觉和我目前正在交谈的对象最相关的问题。

当协助销售人员和销售团队打磨他们的故事的时候，我向他们承诺，只要他们在信息开头使用下列连接用语，不管什么形式，他们接下来要说的或者写的都会是好的——而且是有效的。

[客户类型]在……的时候向[你们公司名称]寻求帮助

或者

[职位类型]在……的时候向[你的解决方案]寻求帮助

你可以自己试试。填上你将要与之分享故事的客户类型或者客户职务。

这儿还有一个例子可以提供帮助。假设你向个体矫形牙医和大型的牙齿正畸业务推销融资方案，这样他们就可以向病人提供长期融资以支付矫正器费用。你可以用这些连接用语作为信息的开头：

"牙齿正畸实践项目在……的时候会寻求 JKL 信贷服务的帮助"

或者，

"实践项目业务经理在……的时候会寻求 JKL 信贷的帮助"

或者是下面这个常用的句子，将帮助内容具体化：

"JKL 信贷服务帮助那些……的牙齿正畸实践项目"

一旦我们已经建造好了这种连接，有趣的事情就会发生。现在我们的谈话已经进入了几条精选出来的要点中，它们通过罗列我们要处理的问题和我们可以帮助客户达成的结果来明确我们要传递的真正价值。而客户情况和交流媒介的不同则决定了我们一开始要分享多少条这样的要点。比如，在打电话进行客户开发时，我也许只分享两个或者三个短短的要点——只需要花十到十五秒钟就可以做到。而如果是在一次发现性会议上，在提出一些探索性的问题之前需要给我的公司定位和构建信任时，我也许会花整整两分钟来从头到尾聊一下一个更长的问题和成果清单。若是在一个贸易展上，我也许会准备好随时能够快速说出我们帮助客户改善结果的四种方式。

不管是在什么情况下，不管互动时间有多长，也不用理会我们采用了多少条有吸引力的要点，底线就是一开始就聊要帮客户处理的问题和可以达成的效果，这远比描述你们公司的历史、组织结构或者产品特征有效得多。

◎ 销售人员需要客户的成功故事和实际案例

尽管有很多谈话会提到范例的重要性，但是很少看到一家公司投入适当努力用案例来武装自己的销售团队。如果销售人员有能力将一位客户或者潜在客户的目前状况（需求或者渴望的结果）和一则公司曾经帮助处于类似情境中的客户取得成功的相关故事联系起来，还有什么比这更有力的武器呢？销售人员不仅需要很棒的范例，而且他们在利用这些案例的时候必须像我说的那样能够轻松自如地谈起。

有时候我也会和那些新手销售人员或者新到某个公司的老销售人员共事，当我问他们对共享公司案例的自如程度时，他们经常回答说一点儿也不轻松。他们完全不确定要跟潜在客户聊什么，而且他们也没有足够的、一手的成功客户案例资料。但我认为，必须要把销售人员用一系列范例武装起来，这些范例要能够覆盖公司服务的全部内容和这些服务适用的情况类型。我们不要被词组"范例"

弄得神经兮兮，它其实就是成功的客户故事的一种比较体面的说法，根本不需要通过国会法案来创造写满了几张纸的成功故事并把它们传授给销售团队。诚实地讲，如果一个公司的销售人员不能够轻松、快速和自如地在交谈中共享他们公司是如何帮助相似处境中的客户解决问题的，那么，我完全不知道这样一个公司怎么能够期望他们的销售人员成功，尤其是那些相对较新的销售人员。因为，成功的客户案例都是在有成功希望时的桌面筹码。

一个可靠、有用的范例有三个特别简单的组成部分：

- 我们发现和介入时客户的处境
- 我们做了什么
- 成果

这简直不能更简单了，这也是为什么当一些大型、官僚的组织难以为销售团队创造范例时我会特别恼火。有些大公司由于市场营销部门不够稳定或者过度介入，或者由于它们的销售主管负担过重，常常倾向于把制定范例的过程搞得非常复杂和费劲，其实根本不必如此。当我带头进行范例制作时，我会把销售团队的成员集合在一个房间里，让每个人都列出他们认为最好、最强和最大的客户成功故事。然后，我们让销售人员把他们的故事快速地和团队分享，再决定哪些是最有吸引力的。并且，我们还努力确保这些被选出来进行编制的故事能够类型多样，足以涵盖潜在客户的不同处境，还要保证这些故事能够代表他们公司服务的类型。从这儿开始，我们安排销售人员组成小小的团队，一起努力根据下面的简单模板制定相当简单的范例：

客户处境→我们做了什么→成果

接下来，让我来处理一下存在的隐患，因为有些持反对意见或者墨守成规者会对我这种超简单的编制成功故事的方法摇头或者皱眉。我听到了你们想说的话，而且我非常理解，这种方法在一些被高度调控的行业（比如医药行业）或者是一些需要精确和可查证的数据的环境中行不通；我也完全明白，在很多情况下，分享客户的名字或者太多客户的处境、成果的具体细节并不合适。我绝对不是在鼓励大家违反法律、打破行业规范或者披露客户的机密信息。但是，在我所帮助过的 90% 的公司，这种方法都很有效，而且销售人员都很高兴能拥有这种指导。而且，用有吸引力的范例武装销售团队不应该是一个耗时很久的项目。我已经多次亲自成为这种新方法的先锋，花了几周的时间就将十多个成功故事交付到销售人员手中。

一旦确定了范例，人们会将其核查得更加精确，编辑得更加清晰，然后分配给销售团队。但是，一名销售人员仅仅拥有纸面上的范例是远远不够的，他们必须记下来。我觉得没有什么比把时间和脑力花在学习和记忆这些客户成功故事上更值得做的事情。销售人员需要熟悉这些客户的处境、自己的公司是怎么处理这种处境的以及取得的成果，直到他们能够一听到潜在客户处于相似的处境，就能够利用相应的具体的范例，将其自然地融入交谈中。

试想如果用一条具有吸引力、聚焦在客户问题和成果的信息及能够强化这则信息的范例将销售人员武装起来，当他们创造新的销售机遇的时候，他们会比之前自信和有效多少倍？

第 11 章
客户开发并非可有可无

如果销售人员不能倾尽全力亲自、主动追寻潜在客户，那么，我在前面四章里提供的所有建议都会变得毫无用处！他们可以有最纯洁的动机、最好的态度、最清晰的日程安排、最具有战略性的清单和最有吸引力的信息，但是，如果他们不能付诸实际行动，在漏斗的入口创造新机遇，一切将毫无变化，一点儿也不会有。

当我写这章时，我正坐在顶尖高校堪萨斯州立大学所在地——曼哈顿的国家战略销售研究所的办公室里。五年前，我和国家战略销售研究所的优秀主席 Dawn Deeter 博士建立了友谊。最近她成了堪萨斯州立大学的教师，带头开展一项新的专业销售项目，并开始将《客户开发行动手册》这本书作为她高级销售班的课本。我很有幸在每年春天的时候有一学期作为那个班的客座教授，和项目中的学生建立联系，并追踪观察他们在职业生涯早期获取的很多成功。现在我在曼哈顿做一个班的客座教授，这个班由很棒的 Michael Krush 博士负责，是一个高级销售领导班。这个秋天 Michael Krush 博士也加入了堪萨斯州立大学，并让他的学生阅读《销售就这么简单》一书作为本课程的一部分。

看到堪萨斯州立大学的销售项目在过去的几年里不断兴盛是很让人兴奋的一件事情。国家战略销售研究所也是一派兴旺。相比之前有更多的学生加入了这个项目。专业销售也成了学校里商学院学生的官方主修课，而且几十家公司也在积极地聘用项目外的学生。我多么希望有更多大学可以提供这种类型的大学生项目。销售团体也将会从中受益匪浅。

你也许会好奇，在雪花飞舞的十一月的某天，我在堪萨斯州曼哈顿的表现和新业务开发这一章有什么关系。这两者息息相关，因为这个项目不仅教授学生如何进行客户开发，而且让他们进行实际操作，从而帮助学生们在销售职业生涯中取得胜利。

在给销售领导班上过课以后，我和 Deeter 博士、Krush 博士一起碰头，问他们从聘用了销售项目毕业生的公司收到的反馈是什么样的。他们说，这些公司的经理都非常欣喜，因为这些加入了他们销售团队的学生都有实际的客户开发经验。不像很多零经验的新员工，这些堪萨斯州立大学的销售毕业生能够很轻松自如地拿起电话进行销售，因为他们作为学生时已经在项目中一次次这样做了。人力资源经理则不停地向 Deeter 博士强化新销售人员能够在进行客户开发

时有效地获取会面机会和发起销售交谈的重要性。因为他们遇到的
最大失败就是销售人员不想将电话销售纳入销售进击手段中，而且
他们还不愿意进行客户开发。

尽管最流行的说法是电话不再流行，而且今天所谓的销售专家
针对传统销售方式也说了很多的贬损之辞，但是，电话依然是极其
有效地进行信息传递和与潜在客户确定会面的媒介。

Mark Hunter 有一本非常睿智和实用的书，叫《寻找高利润：发
现最好线索并创造销售新纪录的有力战略》。我曾为此书写了引言。
在引言中，我自信地宣称，如果读者能够采用此书中的方法和技巧，
他们的渠道会越来越充盈和健康，而且他们的销售业绩也会增长。
为什么我能说得这么直白？因为有一个所有顶尖高产的销售都知道
的小秘密，恰好和 Mark 知道得一模一样。顶尖高产的销售人员全权
负责维护自己的渠道健康，通过创造属于他们自己的销售机遇来保
证其健康；而且他们还会坚持不懈地进行客户开发。

Mark 在他的书中很专业地破除了很多常见的关于客户开发的
传言，并且通过解密他说的**秘密 2 号**消除了最危险的误解之一，即
"当我把照顾现有客户的工作做完以后就进行客户开发"。你、我和
任何一个有实际销售经验的人都知道，这样根本行不通。没有人在
服务完现有客户之后再进行客户开发。如果客户开发不是工作的优
先选项，没有被有意识地事先安排好，那么，它就不会发生。我所
遇到的销售人员中没有一个人会在忙碌而又疲惫的一天的最后留
下几分钟，然后说："噢，太棒了，我已经服务完所有的现有客户

了——让我把最后半小时用来打电话进行客户开发吧。"真正的销售
猎手会把客户开发放在优先位置。对他们来说，客户开发从来都不
是补充选项，它永远是他们的首要想法，也是他们日程表上早就被
安排好的第一件高价值活动。

◎ 不要让客户开发名不副实

这么多人担心客户开发或者害怕主动打电话的部分原因是他们
在脑子里把这件事转换成了更加重大、更加困难和更加复杂的事情，
虽然它实际上并非如此。

你会注意到，我没有把客户开发电话当作冷不防的电话。冷
不防的电话这个说法一直以来被误用和滥用，以至于营造出一种有
力且常常情绪化的反应情境，所以，把冷不防这个词替换成主动很
有用。

主动给潜在客户打电话并不是一种卑劣的行为，也没有什么不
合适，更不会不道德或者违法。即使对于最成功的销售人员来说，
这也不是需要他们屈尊去做的事情——他们中的很多人每年盈利几
百万元，甚至上千万元。使用电话一点问题也没有。这并不是一种
过时的方式，就连敲门也不是！你有没有注意到，那些重量级的大
公司仍然将进行现场客户开发当作发展新业务的主要途径？我说的
并不是女童子军去推销饼干，我指的是那些受到高度重视、成功回
报率高的公司，比如像 Edward Jones 这样的公司。Edward Jones 公司
管理的资产超过万亿美元，而且长期占据《财富》杂志"最想任职

的公司"排行榜的前五名。Jones 让他们的理财专家走上街头，敲响办公室周围邻居家的门进行现场推销。Ram Tool Construction Supply 是我在过去几年里共事过的拥有最健康的单一企业文化的公司，它的销售人员会把公司的白色皮卡车直接开到建筑工地或者突然（短暂又恭敬地）出现在监工或者承包商面前，从而进行业务开发。Comcast's Xfinity 的销售代表则挨家挨户地向那些已经流失的客户推销有线电视和互联网服务。这三家公司都极其成功地通过现场客户开发拉来了新业务。对这些受重视的销售组织来说，客户开发并不是不得已的最后手段，而是他们在销售流程中进行新业务开发的基本和必需元素。

从另一方面来讲，那些不愿意主动打电话的人往往把客户开发想成了比它实际上更加重大、吓人和困难的事情。可能是他们脑海中的成见让他们情绪消极并认为客户开发是很丢人的事情，也可能只是单纯的害怕让他们丧失了斗志，不管怎样，那些在主动打电话进行客户开发方面缺乏经验的人根本看不到成功的客户开发应该是什么样子。

◎ 简化客户开发电话

让我们揭开主动销售电话的面纱。我发现，将客户开发分割成最简单的元素能够真正帮助刚接触或者害怕客户开发的销售人员。下面是一个典型的尝试电话销售的流程，夹杂着一点儿培训内容：

- 你开始与潜在客户联系

- 你联系上了目标联系人（或者认识了一位守门人、获得了语音信箱，我们稍后会立刻处理这两种情况）

- 你打招呼，用一种正常、可信的态度说话

- 潜在客户可能没有料到接到你的电话，你可能打扰了他们，你承认这种打扰，说一些构建信任的话，然后表达你打电话的原因（你相信自己可以帮助他们）

- 潜在客户要么拒绝，要么追问一个问题，或者表现出有兴趣

- 你给予合适的回答，用你销售故事中的一条有价值的信息挑起联系人的兴趣，然后请求与潜在客户面谈

- 潜在客户通常会拒绝你的第一次请求

- 你再次请求会面，提供更多的价值和原因（成果），告知潜在客户为什么见你是一个好决定

- 潜在客户要么同意见你，要么再次断然拒绝你。如果他们同意面谈，那么把日程确定下来；如果不同意，就再问一次，并再一次明确地告诉潜在客户他们能从投入的时间中获取重要的价值和观点，即使这时候你已经没有别的招数了

- 潜在客户接受了你第三次的请求，然后你把会面安排好

在上面概述的谈话流程中，没有任何复杂或者神秘的东西。更好的是，对尝试打电话进行客户开发的这位销售人员来说，不用承受任何身体上的风险。据我所知，没有一个人在给潜在客户打电话

的时候受伤！进一步讲，没有什么计谋，也没有什么密语，更不需要特殊工具。

我自己已经成千上万次地执行过这套流程，帮助了成千上万个销售人员来熟练掌握这一方法。当它被执行得很好的时候，它特别有效。

有些人可能会争辩说，联系一个未料到你电话的人不如联系一个已经表达了某种兴趣的温和线索的人更有用或有效。我同意。有些人宣扬说，被引荐的推销可以产生更高的效益，而且和引荐对象交谈会更有可能获取订单。我也同意这一点。谁不喜欢一个可靠的线索或者一个有力的引荐呢？我们当然要努力获取尽可能多的有质量的线索，从能够提高我们的信誉、将我们介绍给潜在客户的任何人那里寻求被引荐的机会。但事实是，在我遇到的大多数销售案例中，并没有足够多的线索和引荐能够充分填满销售漏斗的入口，不管多努力地进行集客式市场营销或者多么精心地策划和排练引荐机会。这也正是为什么我告诉每个听我说话的人，客户开发不是可有可无及为什么顶尖高产的销售猎手不断进行客户开发的原因。

《客户开发行动手册》的第 9 章为向外拨打客户开发电话提供了综合性的指导。在过去的六年里，我一直在教授这一内容，并观察销售人员在主动打电话时是如何落实这些关键点的。那些能够成功地将客户开发活动转变成销售机遇的人从人群中脱颖而出，因为他们很明显地能够熟练掌握下列这些要点：

● 他们完全相信自己能够成功地获取与潜在目标客户会面的机会

● 他们预料到了潜在客户的拒绝，从精神上和感情上都做好了准备，从而能够给予合适的回复

● 他们明白，你确实可以开始跟一个尚未回复你电话和电子邮件的人建立联系，然后通过坚持和创意获得回电

在第 7 章，我们已经涉及了拥有正确的思维模式的重要性和真正相信个人客户开发能够创造新机遇的重要性。下面，让我们看一下另外两个关键因素。这两个因素一旦被熟练掌握，将会大大增加你与目标潜在客户面谈的机会。

◎ 预料到被拒绝，准备好适当的回复

我有一个坏消息。在压倒性的多数案例中，不管你听起来有多棒、你的信息有多吸引人，甚至你有多么相信主动打电话能够让你拥有一个特别想要的发现性面谈，潜在客户很可能会拒绝你想要面谈的第一次请求。但是，不要担心，这并不意味着你已完全没有机会。

买家会抗拒销售人员，尤其是打扰了他们或未经邀请的销售人员。我们不用美化这件事情，因为这就是一个主动电话销售该有的样子——一次打扰。而且事实上，你的潜在客户几乎很少会有人无聊地、工作轻松地坐在那儿等一个不熟悉的销售人员打电话请求与自己会面。除非你中了头彩，给潜在客户打电话的时候，他们的东

西当中恰好你要推销的那个东西坏了，或者老板恰好指责你要联系的人赶紧给现有的方案升级，不然，你最开始的会面请求就收到一个充满热情的肯定答复的可能性太低了！尽管如此，我强烈建议你坚持下去、再问一次。

在我进行客户开发的这些年里，我能想起来的接受我第一次见面请求的客户案例没几个。但好消息是，在我听到第一次的拒绝之后，我依然能够确定成千上万个会面。确定这些会面的关键是什么？那就是拒绝在销售中并不意味着永远拒绝。我们必须把传奇人物 Jim Rohn 的建议记在心里，不要将第一次的拒绝放在心上。Rohn 常被誉为自我提升运动之父，他影响和指导了很多大人物，包括 Jack Canfield、Tony Robbins 和 Brian Tracy。他最有名的引言之一是："销售人员应该跟他们的孩子学学。对孩子来说，'不'意味着什么？几乎什么也不是。"当我们进行客户开发的时候，这也正是"不"对我们的意义——什么也不是。

第一次拒绝是一种条件反射。它并不是说你做错了什么，也不意味着这对你来说不是一位好的潜在客户，更不是说现在对这位潜在客户来说不是合适的时机。它只能说明一件事情：你请求了一次会面，然后你收到了一个标准的、下意识的回复。这次主动的推销电话的准确意义应该是，我们开始将那些真正致力于创造属于自己的销售机遇，并知道如何做的人与那些没有这么做或者不知道如何过拒绝这一关的人区分开来。

几年前，我曾辅导一位住在亚洲的年轻销售，他聪明、招人喜次、奋发努力。我们每十天通过 Skype 视频一次。这位上进的年轻销售正在经历业绩瓶颈，希望能够提升他的新业务开发成绩。我们一起完成了他的战略目标清单，并花了大量时间打磨他的故事或信息。当他说自己正计划回欧洲家乡出趟差时，我们刚刚开始回顾主动电话销售的关键元素。借此次出差机会，他的公司让他把与家乡潜在客户的会面数最大化。他跟我分享说，尽管他往外打了大量电话，却没有像预期的那样快速地预约到会面机会。

我让这位销售回顾了一下他主动进行电话销售的流程，我对每个环节都印象深刻，从他的语调到他的简短信息，再到他请求会面的方式。在请求会面的整个过程中，一切都听起来很棒。他甚至使用了我最爱的用词，他告诉潜在客户他想有机会去拜访他们，以便更多地去了解他们的处境及和他们分享他是如何帮助相似处境的公司实现巨大改善的。在接下来的事情发生之前，一切都很完美。在电话的前半截完成得很好的情况下，他没有预料到会被拒绝。再加上他是一个温和而又有礼貌的人，在听到第一声拒绝后他很难再继续追问。实际上，在第一次请求被拒绝之后，他的做法太友好了，他会请求潜在客户允许他把他们继续保留在目标清单上，并问他们六个月后再打电话可不可以。

在讲述完他的方法之后，这位销售停了下来，因为他在电脑屏幕上看到我在八千公里外笑得很开心。我肯定了他打电话的前半部分处理得很好，然后问他是否愿意走出他在打电话进行客户开发时的自然舒适区，如果这么做意味着可以获取十倍的会面机会的话。

你可以预测到他的回复，然后我们俩开始努力帮助他克服自己在收到第一个拒绝信号后反射性地默从。

我并不是提倡我们要成为固执己见、咄咄逼人、寻求麻烦的销售人员，我绝无此意。但是，这确实是整个销售流程中为数不多的几个需要我们坚守立场、驳回拒绝的地方。这位极度温和、不喜欢冲突的销售人员原本是听到会面请求第一次被拒绝就逃跑的人，现在却开始努力地奋斗来创造新机遇。对我们中的某些人来说，这容易得很。我们甚至不会受到拒绝的困扰，而是直接从旁边绕过去，甚至想都不会再想这种小冲突。然而，对其他人来说，一有潜在矛盾的苗头，他们就会害怕。如果你就是这样的人，那么我想让你允许自己对主动销售电话这一词组感到不自在二十秒。这就是我和这位身在亚洲的销售进行的辅导对话。在他努力克服自身默从的惯性时，一切都会为他而好转。我并没有要求他改变自己的风格或者语调，甚至是措辞。我只是简单地让他不要在听到第一次会面请求被拒绝后就投降，而是准备好请求第二次甚至是第三次。

◎ 推销会面机会，而非解决方案

确保更多会面的第一个关键是能够预料到被拒绝，并准备好且愿意将这个拒绝反弹回去，再次提出会面请求。朴实又简单。如果销售人员听到第一个拒绝就开始抱歉自己打扰了，并感谢潜在客户付出的时间，那么这样的销售会饿死。拥有更多有效的主动销售电话的第二个关键同样重要。在我们一开始的会面请求被拒绝后，作为回复我们必须避免冲动地开始推销我们很棒的解决方案。

客户开发最大的错误之一，就是当销售人员试图绕过买家的拒绝（或者反对）时，常常将重心从请求会面转成兜售自己的产品或服务。很多人（错误地）认为，如果他们开始进行有力地推销，说出他们所提供的产品的美妙价值细节，买家会被说服，从而改变主意，邀请他们进行面谈。实际上，常常事与愿违，这种方法会适得其反。将重心从请求会面转为推销你的商品只会帮助潜在客户想到更多具体的拒绝见你的理由。

在主动打电话推销时，我们很有必要将主要任务始终放在最突出的位置。我们想要面谈。我们并不是照着电话本在打电话，也不是通过自动拨号器在随机打电话。这些潜在客户因为充分的战略性原因而出现在我们的目标清单上。因此，不管是通过电话还是现场进行客户开发，我们主动打电话的首要目标是确保拥有更多的发现性会面——不是去让潜在客户更合格，也不是去推销我们的产品。除非你是一名内部销售人员，推销的是一个交易型、销售周期短的方案，而且你的工作就是通过电话进行销售，不然，我们必须集中精力确保获取会面机会。所以我最强烈的建议是在电话中推销会面机会，而非你的产品或解决方案！

当你面临拒绝的时候，不要开始推销你的方案，而是推销潜在客户花费一点儿时间与你交谈就可以获取的价值。让潜在客户知道，如果你对他们处境了解得更多，你就能更好地与他们分享你是如何帮助那些处境和他们一样的个人或组织的。要十分清楚地表明，不管最后结果如何，你的潜在客户在发现性会面结束后会因为你分享的内容和你新鲜的视角、观点和洞察力而受到启发。我训练销售人员要接受的思维模式是，我们在主动打这通推销电话的时候就要坚信，如果潜在客户不与我们面谈那他就是个傻瓜。当我们遇到抵抗和买家犹豫不决要不要花时间与我们面谈时，我们所有的精力都应该集中在向潜在客户推销这次会面的价值上。我们的目标是让他们尽可能容易地同意，而我们完成这一目标的指标是同买家交流花的时间与我们会面所能得到的 ROI（投资回报率）。我甚至会许诺潜在客户，他们在会谈结束时能够带走我的价值和观点，尽管这是我的撒手锏。

◎ 通用的拒绝克星和黄金台词

大部分销售人员会遇到的拒绝通常就这么几种：他们很开心，但他们现在有其他合同，他们没有钱，这不是他们优先考虑的事情，他们很忙，他们不需要。而且，偶尔我们会遇到一些客户因为对我们的公司、产品或服务有先入为主的偏见而拒绝我们。

对于这些常见的拒绝，我们需要有一些精炼、简洁、有效、清晰、准备好的回复吗？当然要。我们没有理由不这么做。如果你知道将会被拒绝，那么就将你的拒绝克星装枪上膛，准备好回击。当我们提前准备好有力的回复时，为什么还要承担不得不立刻回应拒绝的压力呢？

对于常见的拒绝，要尽量聪明地提前思考好答复，而且我相信，在进行客户开发的时候，拥有一种通用的拒绝克星可以给你带来超出想象的好处。我已经无法统计，在面对潜在客户用数不清的理由拒绝我最开始的会面请求时，有多少次我成功地利用了这一回复。那么，这个超简单、人人都可以使用的拒绝克星是什么？

"不管怎样，咱们当面聊聊。"

简单的一句话已经被证明可以有效地说服买家接受你的第二次或者第三次（在同一次电话中）的会面请求，于是，我将这句话称为"黄金台词"。

不管潜在客户拒绝你的会面请求时给出了什么理由，你只需要简单地承认，然后将其反弹回去，告诉买家不管怎样请你跟我当面聊聊。

"Joe，我知道你现在的合同要到明年六月。挺好的。但是，不管怎样，还是请你跟我当面聊聊。"

"Mary，我非常理解你正忙得不可开交。我每天也和生产经理（她是什么职位都可以）打交道，所以完全能够理解你。但是，不管怎样，咱们当面聊聊。你将会从咱们的会面中获取价值和观点，别的我也不多说了。"

"听到你很开心真好，Steve。很多我们的客户在我们第一次见面的时候也告诉我他们很开心，今天他们都成了我们最大的拥护者。尽管你一切都挺好，咱们还是当面聊聊吧。虽然我原本希望是一个小时，但是给我二十分钟就好，我可以跟你分享两个我们为 DEF 公司创造的巨大收益案例。"

"Shari，我听到你说这不在你的考虑范围内。实际上，我们听到过很多这种说辞，因为 JKL 问题的本质就是这样。我想让你跟我面谈的原因是，从我看到的来讲，你们公司和几个我们最好的客户曾经的处境特别像。它们在跟我们第一次交谈的时候也没有新方案需求，但是我们向他们展示了机遇，从而完全改善了他们在 PQR 方面的表现。尽管今天这并不是你们优先考虑的事情，但是，不管怎样，咱们当面聊聊。面谈结束后，你将会有几点新见解。虽然现在并不是你们前进的最佳时机，但是，当你们公司决定看到这一点时，你将会是准备得更加充分的那个。"

在研修班课程中，我经常会收到销售人员的便条，他们感谢我分享了这一黄金台词。这些便条几乎说的都是同一件事情。这些销售人员很震惊，原来可以这么简单地、自然地使用"不管怎样，咱们当面聊聊"的表达，而且他们难以相信只是简单地愿意使用这句话，第二次和第三次请求就可以确定这么多会面。试一试。你会喜欢的！

◎ 不再害怕而是期待电话被转到语音信箱

我们生活中有两件事情是确定的——死亡和缴税。但是，如果你希望通过客户开发创造新的销售机遇，那么，请放手去干，并加上第三件确定之事——语音信箱。

有些人宣扬电话不再是创造新的销售机遇的有效方式，他们喜欢把语音信箱描述成可怕的东西！他们告诉我们，不会再有人回电话，所有的电话最后都会被转到语音信箱。而且，那些不想或者不知道如何进行客户开发的销售人员喜欢发牢骚和抱怨，说他们的电话总是被转到语音信箱。

猜猜看接下来会发生什么？大部分人并不会给他们回电话，他们藏在语音信箱后面。我并没有论据来反驳这一事实。但是，并不是所有的电话都会被转到语音信箱，而且更重要的是，语音信箱并不是死胡同。最后被转接到潜在客户的语音信箱的主动销售电话也不是一种浪费。恰恰相反！语音信箱是给销售人员的礼物，我的目标就是让你这样看待这件事。

好好想一想。语音信箱是很好的：你没有打扰到任何人，不会有人试图挂断你的电话，转接到语音信箱不会收到反驳或拒绝。

不再害怕语音信箱，而是做其他顶尖客户开发者所做的事情，会发生什么？如果你不再抱怨语音信箱，而是接纳它并真正期待它，可能会发生什么？如果你对语音信箱的看法很乐观，把它当作一次机会，可以为潜在客户留下一则有效的三十秒的商业广播，会怎么样？

我一次又一次地证明了，你完全可以和那些尚未给你回电话的人建立联系。当你真正擅长语音留言时，你会坚信，目标潜在客户有一部分不仅会收到你的信息，还会从中获取价值。有些人甚至会很喜欢你的信息，并对于你接下来的举措充满期待。

我是怎么知道这些的？很简单。潜在客户曾告诉我，他们很欣赏我为了接触他们而付出的努力。有些人对我留下的不同信息发表评论，而有些则会赞扬我的创意或幽默。而且，听起来很疯狂的是，很多人最后感谢我的坚持不懈和不放弃。我的销售朋友们，这是我希望你在客户开发时也能拥有的体验。如果潜在客户因为你"纠缠"他们而感谢你，这将是多么得不可思议！如果你收到的是这种反馈，你将会多多少自信并心甘情愿主动打电话去进行客户开发！作为一个亲自做过大量客户开发的人，一个帮助了成千上万个销售人员提升主动销售电话质量的人，我承诺，你也可以将你的客户开发游戏升级。

◎ 有创意、要独特去除销售腔和陈词滥调

要想通过语音留言获取胜利，我们的信息需要脱颖而出。这意味着，我们必须让潜在客户觉得我们和那些普通的销售人员非常不同，因为后者常常听起来要么像例行公事的电话机器人，要么像俗气、不可靠的商品宣传员。没有人会回复一个听起来很无聊、只是打电话进来的销售人员的电话。而且，大部分买家会在意识到某条语音留言是一个很俗气的推销的那一刹那就点击删除了！

并没有规定说，你的语音留言需要听起来和别人的一样。实际上，我的建议正好相反。设计好你的语音信息，让它们既独特又有趣。你分享销售故事中那些客户的问题、成果或谈话要点的方式要有创意。把信息的焦点集中在潜在客户可以从中获取什么。要尽可能快地略过信息的介绍部分，直入重点去讲为什么这位潜在客户需

要跟你会面。采用连接用语，将重心放在可以引起潜在客户注意的有价值的信息上。"杰夫，我是迈克·温伯格，**销售开发教练**。我现在在帮助受到 A 问题困扰的总裁们，努力帮他们达到 B 效果，而且令人兴奋的是我们达成了 C 成果……"

请注意，我快速地聊到了有用的谈话要点。更重要的是，请注意有些话我没说，就是那些流行用语、陈词滥调和公关说辞。每次我听到一名销售人员开始打电话进行主动推销或者语音留言时，我都想吼出来（甚至伤害某些人），因为他们总是用这些超级流行的说法：

"我现在打电话……"

"我只是想联系……"

请帮你自己也帮我一个忙——丢掉这些用语。如果需要的话，你可以找专家咨询一下，但是不要再用这两种糟糕的表达方式了。戒掉这种习惯，停止使用这些用语。相信我，它们不会帮到你，因为它们都是毫无意义、被滥用的，而且会让你听起来和其他差劲的电话销售员一样。这十年里，也许没有比"我现在打电话……"更常见的商务表达了。每次听到这句话，我就很烦。因为你给别人打电话并不会让人觉得自己很特殊或者被需要，而且我向你保证，他们肯定也不会想让你跟他们联系！

做好信息搭配。我看到太多的销售人员一次又一次地留下相同的信息，然后还失望地说他们收不到回电。就像买家很少接受你第一次的会面请求一样，大部分人甚至根本不会考虑回复一位销售人员的第一则语音留言。思考一下你会怎么对待一位你不认识的销售人员的留言。你会马上回电话，还是和我一样，对自己说"如果事情很重要，或者这个人真的想联系到我的话，他会打回来的"？所以，如果我们知道了主动进行电话销售需要很多条留言才能获得一个回电，那么，难道我们不应该有计划地留下一系列语音信息，且每条留言都有自己的起承转合吗？

◎ 通过坚持获取回电

在我负责以主动电话销售为主题的研修班的时候，这是我最不受欢迎的建议。没有一个人喜欢听到这句话，但这就是**销售真相**。我们只有坚持才能获得回电。往往就是我们通过留下很多条信息所表现出来的坚持说服了买家，让他们相信我们值得一通回电。我也想告诉你，是因为你很棒的语调或者吸引人的信息才获得了回电，但是，大部分潜在客户告诉我，是销售人员展现出来的努力最终说服了他们回电话。

主动打销售电话的新手最常犯的重要错误之一就是在给潜在客户留言时，每条信息间隔了太长时间。因为害怕被人讨厌，他们会在第二次留言之前留出两到三个月的时间，而这完全抹杀了留言信息的有效性。再重复一遍：我们通过坚持获取回电。潜在客户最终回复我们的留言的很大一部分原因是，因为我们在一个相对短暂、有限的时间段内给他们留下了足够多的信息，让他们觉得有责任对我们的努力给予回应。换种说法就是，我们通过留下一系列有趣、能够创造价值的信息而得分，正是这些信息的累积影响、驱使潜在客户给予我们回复。不管他们的感情和思想历程如何，管他是出于礼貌、内疚、责任、合法的计谋，还是只是想让你停止打电话，正是相对短期内收到的大量高质量信息促使了回电的产生。

我在一家公司组织培训的时候，有一位反对客户开发的销售人员公开分享了他面对语音信箱时的失败，希望以此让他的队友和我相信主动打电话没有用，因为有很高比例的电话被转到了语音信箱。在他花了很长时间变着花样地大声谴责了客户开发是巨大的时间浪费之后，最后他提供了自己的论据——"我留了八十条语音信息，一个回电也没收到。这根本行不通。"

当销售团队中的其他人都直接看向我，等待我的回复时，我笑了。我确信，有几个人盼着我失败，希望这样一来他们的经理就会让他们从客户开发中解脱出来。但是，大部分人更希望我能想出有力的反驳，从而让这个消极、大嗓门的表现不佳者安分一些。我冲着这位消极先生微笑了很长时间，直到他不自在了，我才问他一个问题："请回答我，Nathan，你是给这八十位不同的客户每个人都留了一条信息，还是按照我们在培训课上所认同的，在过去的三周课程期间，你给二十位经过战略性选择确定的目标客户每人留了一组包含四条高质量信息的留言？" Nathan 不好意思地承认自己只是给每位潜在客户留了一条语音信息，而房间里的每个人都很怀疑他是否真的往外打了十个以上的电话。

最近，在一次分组在线会议上，有一位我的视频系列培训的订阅者想让我展开说一下,我在一个视频单元中所说的"你可以和尚未回复你的电话和电子邮件的人建立联系"是什么意思。但是在我回答之前,我的朋友 Dominic Testo 插了进来。他住在纽约市北部,是一位顶尖的高级销售猎手,在一家塑料行业的小公司任职。他个人通过在客户开发方面的努力赢取了很多新的大客户,多得我都说不过来。每年我们会交谈几次,而且看到他团队的销售明星进步是一件很有意思的事情。我坚信,在接下来的几年里我们会读到他的销售类畅销书籍,他实在是太棒了。

Dominic 分享说,在努力追寻一位潜在客户之后,他最爱的反馈之一,就是当他终于接到回电时,潜在客户会在交谈的一开始道歉。我自己也亲身经历过无数次,而且我也确信大部分熟练掌握如何主动追寻目标潜在客户的人也经历过。一个不了解我们的人,一个我们一直通过各种可行手段(邮寄、领英、电子邮件、语音信箱、引荐介绍等)发送信息进行"纠缠"的人,一位非常忙碌、知道我们是销售且不欠我们任何东西的人,给我们打电话,开始说:"你好,Dominic,我是 PQR 公司的 Susan Spanos。很抱歉这么长时间才回电。我最近快忙疯了,但是我真的很感谢你一直努力坚持联系我。"

尽管这种情况我已经遇到过很多次,我也听到过很多次销售人员分享他们完全相同的经历,但是每次听到,我依然深受感动。这确实是最好的提醒,不仅提醒我们进行客户开发,而且提醒我们确实要和正在追寻的部分潜在顾客建立联系——尽管我们暂时还不知道能否建立联系。希望你能被这些鼓励,把它当作一种动力,从而付出更多的努力去升级你的信息。要有创意，要改善你的语调，要制定一系列相关、吸引人的信息，不要再听起来和别人一样。丢掉销售腔和那些被滥用的表达。努力在一个相对比较短的时间内留下多样化的信息。就我个人而言，我喜欢大约每四个工作日就留一次言，直到我已经留了五条或者六条语音信息。然后，我会暂停一段时间。但是，不要太早放弃，因为经验告诉我们，通常第四条和第五条信息会扭转局势，让潜在客户最终给予回应。再次声明，我们通过坚持和创意获取回电。

◎ 和守门人成为朋友，并寻求他们的帮助

过去在我的文章和培训销售人员的研修班中，我通常不会花太多精力来处理销售与守门人的关系。我并非有意地避开这个话题，而是（错误地）认为这对销售人员来说是一件很自然的事情。再加上这样一个事实，在今天我们并不像过去那样经常遇到守门人，除非你的目标是特别资深的总监，他们一般会把自己的助理当作守门人，或者你很多时候通过走访进行现场客户开发，有机会和接待员面对面，而他们通常负责将销售人员拒之门外。

但是，事实证明，如果客户开发人员能够不断寻求和守门人相处的指导意见和最佳做法，他们最后都能够受益匪浅。然而很多人对于如何和一位活生生的中间人打交道感到害怕或不知所措。

我的建议很简单，就是将守门人当作一位活生生的、有感情的人类来对待，同时要有意识地做两件事情：交个朋友和寻求帮助。

确实，有些守门人会恶声恶气、不好相处，有些态度傲慢，看起来很不尊重我们。而其他人则把保护我们想见的人当作自己的私人任务，努力阻挠我们为联系到目标联系人所做的尝试。即使所有这些都是真的，我最好的建议还是和守门人成为朋友。在我通过观察销售人员获取的所有经验中，我还从来没见到一位销售人员通过试图恐吓或者控制守门人而获取成功。通常情况下，我们把守门人逼得越狠，他们的立场就越坚定。而且当我们进行新业务开发时，从一开始就建立一种敌对的关系一般也不是取得成功的方法。所以，与其把自己放在你和你的潜在客户中间人的对立面，不如采取不同的策略。

利用你的人际交往能力、情商和销售技能获取和守门人交谈的机会。并假装这个人就是你的潜在客户，而且诚实地讲，暂时他就是。要态度和气、尊重他，要做好准备、语言简洁。要证明你理解他们的身份，而且你尊重他们的工作和时间。不要错误地认为，这位守门人不清楚你的潜在客户面临的商业问题。勇敢上前，微调一下你的信息，但是你要能够完全轻松地与他分享关键的客户问题和成果或你故事中的谈论要点。让守门人知道你想知道潜在客户的日程安排背后的原因。让他明白你正在帮助和目标联系人处境（职位）相似的人，而且目标联系人会因为花时间和你见面而获取价值。

当你通过尊重守门人在人际关系方面得分时，不妨更进一步，向他寻求指点和帮助。大部分人都愿意帮助那些有需要的人，尤其是对方好声好气地求助时。所以，要好声好气地求助！例如，Steven

是 Charles 的行政助理，负责保护 Charles 和他的行程保密工作，如果我正在跟 Steven 交谈，我会让他指点我一下。"Steven，我可以请您帮我一下吗？您觉得要让 Charles 先生拿出三十分钟跟我见面，最好的方法是什么？"或者，我也许会向 Steven 打听，如果有人想跟 Charles 会面，他有什么建议。这么做的关键是尊重守门人，让他感到安心以及自己很重要。同时，不要转身，让这个人有机会把你轰走。我们的工作是让这位销售人员相信，帮你站到他的老板面前是符合他和他的老板的最大利益的。你这么做得越多、越好，你通过守门人获取的会面机会就越多。

现在我们已经解决了创造新机遇所需的一切，那么，接下来让我们看看能够推动这些机遇顺利通过你的销售渠道的几个重要做法。

第 12 章
不要急于展示和演示

　　展示和销售并不是同一件事！展示通常只是整个销售流程中很小的一部分，但是很多销售人员却急于展示或演示他们的方案，直接忽略发现过程。这会损害他们推进销售机遇的有效性，并削弱买家对他们的印象。

　　最近几年，这种令人不安的趋势却愈演愈烈。看起来，很多销售专业人员似乎忘记了那句老话"先发现，后展示"。总是这样！

　　这种拉低销售流程有效性的行为源于两个重要因素。第一个因素是我们之前提到的主题。销售人员处于一种被动模式，相信买家在和销售人员接触之前已经完成了三分之二的购买流程这种谬论，因而他们等待潜在客户主动联系他们。这样一来，当他们与客户相遇时，客户已经在这条路上收集了很多信息、考察了很多选项。这些线索（潜在客户）虽然很有潜在价值，但是他们通常不乐意让销售人员跟随自己的（好的）销售流程。因为这些客户在和销售人员会面之前，已经通过不停地购买对潜在卖家做出了评估，能够支配整个流程会让他们觉得有更多自主权。所以，当他们向我们求助的时候，他们觉得要求我们马上提供一个演示（或者展示）是很自然的事情，而且，那些顺从的销售人员会乐意至极地去满足他们的要求，因为这些销售人员要么没有属于自己的销售流程，要么不理解在展示之前进行有效发现过程的重要性。

尽管今天很多专家建议销售人员根据客户的购买流程来调整自己的销售流程，我却持完全相反的看法。只是因为一位潜在客户要求（或者坚持）要看商品演示或者展示，满足他却并不意味着对你的事业有益，而且不利于你赢得新订单。

推动销售人员提前展示和演示的第二个因素就是在线会议技术的涌现。组织早期在线会议已经成为普遍现象，尤其是在技术领域。而且买家认为，既然他们同意使用一个有助于进行演示和展示的平台与销售人员面谈，那么，他们希望得到的就是——演示和展示。那些不中用、不明智的销售人员要么是不知道如何回应这种期盼，要么就是没被培训过，只会听从潜在客户的引导，过早地进行展示。虽然市场营销和产品开发人员很乐意给演示数量添砖加瓦，但事实是，这种过早地展示解决方案的行为会极大地损害销售人员和公司在潜在客户心中的形象。

◎ 你会相信一个不给你检查就开药方的医生吗？

想象一下下面这个场景。你感到不舒服，就和医生约了时间见面。可以是一位你从来没见过的新医生，也可以是一位跟你合作了很多年的私人医生。你在检查室里等了感觉有一个世纪那么久，很不自在地坐在铺着皱巴巴的纸的桌子上。等待的时候，你特别想知道医生将会怎么给你诊断。

终于，医生出现了，为你长时间的等待感到抱歉，然后开始花时间复述她的背景、专业和她现在进行的医学研究。接着，她把重心转移到描述她最爱的一家医药公司刚刚发布的一种神奇的新药上来。她不停地讲述为了研发这种新药所进行的所有研发，然后强调这种药为病人带来的好处，甚至都没花工夫给你检查或者问你在这儿的原因。她终于停止了展示，拿出自己的平板电脑，直接开了这种必需药的处方，并告诉你她相信这个药方会药到病除且对你来说再合适不过。

看起来很傻，对不对？难以理解？对这样一位所谓的医生，你不会给予很高的评价或者太多尊重，是不是？我会能有多快就多快地冲出门外，而且根本不会按照这个处方开药。这位医生是一位以自我为中心的江湖郎中，根本不考虑病人的健康。一个没给病人检查和诊断就开药方的医生会是什么样的医生？你根本不可能信任这样的人。我甚至怀疑她有没有把病人的最大利益放在心上，或者她收了医药公司的回扣。

但是，让我问一下，难道这不就是很多销售人员对待客户的方式吗？我们不就是这样忽略销售流程中的发现阶段，在寻求彻底了解客户的处境（目前状态、需求、威胁、倡议、挑战、目标和期望状态）之前，就开始展示我们的软件或者推销我们的项目的吗？

◎ 没调查就推销是不可能成为受人信赖的顾问的

很多行业有这样一种普遍现象：买家希望销售人员像马戏团里训好的动物一样出现和表现。这种期望是愚蠢的，且置销售人员于不利境地。正如医生把她最爱的新药强推给我们时我们的反应一样，当我们以一种推销模式出现的时候，怎么能指望潜在客户把我们当成咨询师、可信赖的顾问和把他们的利益放在心上的外部专家？当我们一点儿基本的调查工作也不愿意做就开始炫耀我们的产品时，在客户的脑子里我们马上就降级成了小摊贩和宣传员之流。即使是客户操控了整个流程让我们（过早地）进行展示的，但我们依然被认为只是推销产品的小贩。

并没有什么地方写着顺应客户的要求或者流程能让我们获取优势。实际上，我认为，**销售真相**常常是严格遵从客户的指示不利于我们的处境，而非帮助。像一个无法"拥有"属于自己的销售流程的没骨气的旅鼠一样采取行动也许能让你获取"顺从分"，却无法证明你是为潜在客户来传递最大价值或者产出最好效益的。允许客户来掌控你的销售流程还会阻碍你将自己和你的公司与竞争对手区分开来。换种不同的说法就是，当我们（和我们的竞争对手）因为害怕而对客户唯命是从时，我们就失去了一个重要的机会，来表明我们的方法与众不同，也无法证明我们为了给客户创造绝对最好的可能性解决方案所付出的努力。

◎ 原因很简单：大部分展示和演示都很糟糕

展示、在线会议和演示失败大部分是因为过早进行，除此以外，还有其他非常简单的原因。

我对展示失望的最大原因是它重心错了。因为展示中常常有90% 的内容都是公司在进行推销，展示公司的价值和公司可以提供的产品。销售人员不是把重心放在客户、他们的问题和期望的成果上，而是唠叨一堆以自我为中心、没有吸引力的废话。当然，如果在展示之前你没有花工夫进行专业调查的话，本就很难把展示的重心放在你对潜在客户的发现和你是如何解决他们的问题及如何达到他们期望的成果的！

展示通常进展得特别慢，尤其是在线的会议和演示。所以，听众会觉得无聊。"自我为中心 + 缓慢 = 无聊"，这并不是销售成功的方法。

视觉刺激的缺乏进一步地加剧了展示的无聊。一个普遍的评论就是大部分展示包含太多幻灯片了。没有人比我更喜欢嘲笑不相关的幻灯片，但是对于在线会议我真的觉得如果销售人员使用更多的幻灯片且加快浏览速度效果会更好。当我坐着观看客户销售团队的在线会议和演示时，我最大的不满之一就是它们在视觉上无法引起人们的兴趣。这些幻灯片往往乏味、文本铺陈并缺乏热情。展示要点很多，有趣的图片特别少，这要么让人昏昏欲睡，要么会让潜在客户拿起手机浏览电子邮件或者社会媒体帖子，而不是被销售人员吸引住。

我对劣质展示的所有厌恶甚至更加适用于（在线的和当面的）演示。我的朋友 Kyle Ziercher 曾经在我们工作的一家公司观看了一个又一个潜在"摊贩"的软件方案演示之后造了一个词语，他称之为 CCDH：**点击（Click），点击（Click），见鬼的演示（Demo Hell）**。做演示的销售人员或者技术人员只是不停地点击并烦人地说："如果您点击这儿，ABC 就会发生；如果您点击这儿，我们会看到 DEF；而点击这儿我们会看到 JKL。"**点击，点击，见鬼的演示。**CCDH 最糟糕的部分是演示内容和潜在客户的业务难题没有一点联系，它只是一个自成体系、聚焦自我、只顾自己的演示，也许甚至可以由一只猴子或者一个机器人来做，因为完全没有展现出任何专业的销售技能。而真正的销售需要在展示一个方案之前进行前期调查，真正努力地去了解客户的处境。

大部分技术销售在演示他们复杂的软件平台时的作为并不比一位业余销售在经销奥迪时的表现好到哪儿去。最近，我走进一家奥迪经销店去看一辆新车，然后坐进了停在展销厅的一辆奥迪 A6 中，之后这位销售人员就钻进来坐在了我旁边的副驾驶上。一个问题都不问，他就开始演示奥迪很酷的新多屏视觉界面。有十分钟的时间，他不停地说着所有的新特点和功能。十分钟！他根本不知道我是谁，我为什么在这儿，我的目的是什么或者我是不是在乎这个界面。这位业余销售不知道的是，我之所以对这辆车感兴趣是因为我曾经读过有关奥迪 A6 的内部会在高速巡航时特别安静的文章，而我想亲自体验一下。但是这位"销售人员"忙着进行他提前准备好的技术演示，并不去了解什么对他的潜在客户来说最重要。实际上，这就是一次代价很高的失败演示。我从车里出来，暗自对自己说：那个人别想再浪费我一分钟时间。

◎ 从远处观察和评论在线会议和演示

我曾经合作的一家软件即服务公司的在线演示并没有给公司带来领导层预期的那么多的项目进展。为了更好地了解是什么原因，我观察了几个即将开始的演示，它们由销售团队中的不同成员来执行。其中有两个会议，我在公司会议室的现场，由销售人员和产品专家引导整个演示；而有三个演示，我是在自己的办公室里远程观察的。这两种观察的体验非常明显不同。原本你只是觉得你知道客户对这种会议的感觉，但是直到你通过与客户相同的参会方式观察了几个他们的（远程、在线）演示之后，你会真切地感受到毫无头绪。当远程观察演示的时候，所有的一切，从会议开始等着每个人到来时尴尬的沉默和窃窃私语到歪扭的话筒的音频质量都会给你带来猛烈的冲击。挑战一下：花时间远程观察几个你的销售团队的演示和在线会议，从客户的角度观察和倾听。我保证，如果你这么做上几次，你就会知道该如何大幅改善自己的在线会议的执行方式，从而彻底改变潜在客户的体验并提高你自己的效率！

销售流程方面的推荐阅读材料

Dave Kurlan ： *Baseline Selling*

Mahan Khalsa ： *Let's Get Real or Let's Not Play*

Anthony Iannarino ： *The Lost Art of Closing*

第 13 章
拥有属于自己的销售流程，
远离采购流程

　　我曾经在领英上发过一篇帖子，内容是前面一章的简单摘要，这篇帖子还引起了轰动。当然，我是在为即将到来的图书发布会预热，但更重要的是，我想提醒读者，销售人员也有自己的权利，而且盲目地遵从客户制订的流程往往并不能产生你所期望的结果。虽然这篇帖子收到了很多坚定、成功且跟我志趣相投的销售人员的掌声，但有趣的是，我还看到，在我建议销售人员可以驳回客户的采购流程的时候，有很多销售人员和买家选择回避这一建议。

　　我可以理解，最近几年，采购的角色大幅扩张。过去我们称作的"购买"，现在已经升级成了"采购"。越是大型的组织，它们的采购人员、部门和流程就越是大规模和强势，甚至超出了我们曾经的想象。这些采购专业人士不断获取和行使更多的权利，且常常由于他们拥有的认证权和任务的重要性变得更加大胆。经过认证的采购和供给链分析师的名字后面都有几套专业头衔（CPP、CSCP、CPSM、SCPro① 等），他们致力于"让竞技场更平坦"。看到他们让销售人员无法正常工作，并使雇主的采购决定变得商品化，没有什么比这更可笑的了。

在我领英那篇帖子的回复中，我有一个很惊讶的发现，很多销售人员的评论都是在习惯性地维护他们遵从潜在客户采购流程的决定。很多人甚至宣称，我们作为销售人员没有别的选择，只能服从客户所表达的意愿，而且，如果我们敢驳回客户的意愿或者提出一个不同的建议，这将会非常愚蠢并减少我们销售成功的机会。

在进一步探讨之前，让我先对以政府组织为销售对象的小部分读者说几句话。是的，我确实明白他们处于一种完全不同的处境，而且政府法规经常从法律上阻止他们改变或者回避客户的采购流程。所以对那些在这种处境中的人来说，请务必遵守那些严格的规定，因为只有在这些规定范围内，你才能去竞争。但是对于剩下的绝大部分专业销售来说，他们的销售对象不是政府、市政当局和军队，他们应当听听这些警告之语和劝诫之言。

仅仅因为客户想要看就进行演示或者销售宣传，这么做并不意味着对你有益。尤其是当一位客户命令你遵守他们的采购流程或者

---

① CPP：注册职业采购专员；CSCP：注册供应链管理师；CPSM：注册供应管理专家职业资格认证项目；SCPro：注册供应链管理师。

让你提供投标申请书时，这种情况更加真实。销售行业中的大部分人并不会因为干了什么行政事务而获得薪酬，而是因为他们拉来了新业务、赢得了新订单。换句话说，俯首帖耳、完美地顺从某些采购笨蛋愚蠢的流程或者比其他销售人员填写了更多页的投标申请书都不会有回报。如果这些信息冒犯了你或者打乱了你的计划，我很抱歉，但是我还有更加残酷的消息。只是为了获取"顺从分"就盲目地跟从买家的指示，并不会帮你带来新业务。

有太多销售人员对自己的销售流程弃之不顾，而是继续遵从买家的流程，哪怕这么做有时毫无意义。这会让他们没有机会开展合适的发现性工作、加强与客户股东的联系，阻碍了他们定制方法、展示和提案。

对很多销售人员来说，驳回客户建议（或操控）的流程会让他们不安，这我可以理解。我们想被客户喜欢，想被认为是善解人意的，想成为对客户有帮助、反应积极和有礼貌的人，我们想让人觉得做起生意来好相处，想让潜在客户愿意与我们合作。这些都是很棒的动机，而且我们想维持一种温和的关系也没什么错。但是，"默认方式"会带来一个严重的问题，默认客户的严格流程会阻碍我们成为真正的咨询师和顾问，无法让我们的方法显得与众不同，而且经常在最后会让我们变得商品化，被采购与所有的潜在供应商一起打包放进同一个箱子里。

我不知道你有多喜欢被剥夺那些让你、你的公司和方案与众不同的机会，但是我自己很讨厌这样！变得商品化很糟糕。遵守别人的规则，任人压榨我们生意中的所有创意、与众不同之处和利润并不好玩儿。听从一位使命为"让竞技场更平坦"、经过认证的采购人员的指令也不会让我受到鼓舞，当然也不会成为我干销售的原因。

作为一名专业销售人员，我有两个任务。第一，我要为客户创造出最好的可能性结果和价值最高的成果。第二，我一直致力于赢取我所参与竞争的每一笔生意——当然前提是我确信这是符合我客户的最大利益的。正是这两个任务驱使着我前进，促使我坚持自己的销售流程。因为，我有责任让客户得到他们的所需来获取胜利，也有责任做我需要做的来获取胜利。虽然"双赢"这个词语现在遍地都是，但是在这种情况下，它极其适合。我一直在努力创造一种双赢的局面，如果这么做意味着要避免、躲开或者改变客户的购买流程，那就这么做。我并不是为采购人员服务的，我为我的客户联系人（商业人士）、我的公司和我自己服务。为了确保客户得到最佳的解决方案，同时能给我自己最佳的获胜机会，我可以义不容辞地做任何合乎道德和必要的事情。意思就是：当我意识到客户规定的购买流程或者对我的指示与创造最佳解决方案或提高我获胜的几率相悖时，那么，我就会坚持我的立场并反驳回去。

◎ 顶尖高产销售通常特别擅长让客户的采购流程碰壁

基于我多年培训具有不同经验和水平的销售人员的经验，我可以很自信地说，有很多人在读到这儿时都不会相信下面的观点：顶尖高产的销售专家经常改变他们客户的购买流程。经常——意味着这么做是规矩，而不是例外。如果这一**销售真相**让你觉得困惑的话，让我做进一步的说明。往往，顶尖高产的销售人员不仅无视采购的指示和规则，实际上他们还会指示客户如何与他们进行合作。这些顶尖的销售人员改变规则、改变游戏以致改变成果——一切都对他们有利！

我特别希望，我们能在同一个房间里一起来讨论这个话题。在我敲下这些文字的时候，我笑了，因为我想象到了读者在消化我这一大胆言论时反应不一的画面。我能看到，那些真正的销售杀手不断地赞成点头、脸上露出得意的笑；我也可以感受到其他销售人员面露惊恐、不断摇头，认为我很无知，并嘟囔："这家伙到底在说什么？没有人会因为这么做而成功的。我不可能反对或者改变我的客户的购买方式。"当然，还有一些人处于中间状态，他们一方面被更加勇敢地坚持自我的可能性所鼓舞，一方面却又害怕这么做的后果。

如果你已经相信了，而且像我一样，喜欢让采购流程"碰壁"所带来的感觉和回报，那么，请享受接下来的真实成功案例。对于那些悲观者和怀疑主义者，我也许不能说服你，让你相信你也有权利，如果你坚守自己的立场而不是默从潜在客户的每一个要求，你也许最终可以赢得更多业务，但是，我会努力尝试。对于那些处于两种情况中间的人，我恳请你认真阅读这些真实的、发生在小公司身上的案例，看看它们是如何坚守自己的立场，甚至还反对巨型公司、驳回它们的采购流程、宣布自己的合作规则，并最终赢得更大、收益更高的生意。

这些故事都是一些具体的案例，讲的是三家小公司如何成功地对它们的巨型客户的采购流程说"不行"。这三家公司的每一家都有这么一种信念、本能和自信，即它们为客户带来了这么多的价值、付出了这么多努力与客户中的关键商业人士建立关系，它们完全可以无所顾忌地告诉它们的联系人，它们不会按照采购流程来，因为这对双方都没好处。换种方式说，这些小公司超级自信的销售人员已经变得特别擅长告诉采购人员"滚开"。

这三家公司几乎没有什么共同之处。第一家是一个小型的销售改善公司，为世界上诸多行业中的一家电子集团公司提供销售咨询、演讲和培训服务。第二家是为非常大型的美国客户提供法律、人力、健康保险方面服务的公司。第三家则是一个塑料领域的小到中型的专门制造公司。这三家公司可以说完全不同，除了一个共同的主题，即它们每家的销售主管都断定：与其听从客户采购部门指示的流程，坚守自己的销售流程会让他们更成功。

◎ 第一家公司成功让采购流程碰壁的故事

我是这三家公司中最小一家的负责人，所以我日常基础工作之一就是，决定是要遵守自己的销售流程还是潜在客户的。和大部分销售人员相比，对于坚守自己的立场和坚定地表明自己的流程，我有更多额外的压力，因为我敏锐地意识到，那些想让我帮助他们销售团队的主管们很可能会首先评价我是如何销售自己的服务的。

想象一下。你是一名主管，想找一个人来帮助你自己的销售人员工作变得更加有效。难道你不想确保你找来提供销售帮助的这个人能够推销价值，而且不会在潜在客户试图操控流程或者是将采购等同于商品买卖时走开吗？当我被问到费用是否可以打折时，事实只会坚定我的决心。在与潜在客户沟通中反败为胜其实是很有意思的事情，我会问他们，如果他们自己的销售人员代表客户来求他们打折或者添加一些愚蠢的付款条件时，他们将如何回复。这样经常会让主管们完败，因为他们会理解让一名销售培训师给他们打折所带来的利益冲突和矛盾。尽管如此，在个别场合，这种平和的拒绝方式还不够，潜在客户的主管甚至会继续步步紧逼让我降价，那我就会毫不留情地用力反击："你想聘请我站在你的销售团队面前，帮助他们推销价值以及避免被商品化，但是你却让我给你打折费用？如果我按照你说的去做、让你把我商品化的话，我还有什么诚信来教授你的人如何拥有自己的销售流程和推销价值呢？当你在学期开始把我介绍给你的人时，难道你要读着我的简历，然后炫耀自己拿下了这次交易？'迈克·温伯格是一位世界知名的销售专家和畅销书作家，但是我们之所以选中他是因为他最后屈服给了我们一个很大的费用折扣。接下来请注意，他将和我们分享如何赢得更多的新订单及如何不让潜在客户把你当作小摊贩和商品宣传员！'"有记录可以证明，这种回复每一次都很奏效。我已经多次利用了这个回复，希望对那些"借用"了这一方式的销售改善行业的同事们也有所帮助。我也会很开心看到你得到全额费用，而且你如果不打折就没办法销售自己的服务的话，也许是时候照照镜子并问自己一些尖锐的问题了。

每周我们公司都会收到几则来自内部的请求，通常都是一些中层人员（非决策者）问两个相同的问题。他们的电子邮件或者提交的咨询格式都是这种：

我们都是迈克先生培训内容的粉丝，我们非常有兴趣让他来XYZ公司的国际销售会议上演讲。他什么时候有档期，以及半天、一天、两天课程的价格是多少？

在我分享我们团队的标准回复之前，我想问一下，你将如何处理这种来自一个抢手线索的请求？我对某些人的反应尤为好奇，就是那些在看本章前面一部分内容时，选择躲避、认为我是疯了或者无知才会建议我们不要马上遵从潜在客户要求的人。

我每天都会遇到这样的销售人员，他们坚守着赢得生意靠的是自己反应快、招人喜欢、有礼貌和好做生意的谬论。再次声明，不要过度解读我写的内容。想要展示所有这些正面的特点并没有什么错，我们应该努力成为有这些特点的人或者做得更好。但是，**销售真相**是，好相处和顺从并不一定会转化成价值创造或者你高额佣金的理由！就算忽略这个争论，很多销售人员依然会坚持认为，对这样一封不请自来的电子邮件的请求，唯一合适的回复就是快速且充分地回答潜在客户的问题。他们会告诉我，我应该做得最好、最聪明的事情就是回复我的空闲时间和收费标准。毕竟，这是一个很抢手的潜在客户。既然它对我很有兴趣，那么尽快满足它的需求只会让它更想跟我做生意。

　　也许你已经猜到了，我们采取了完全不同的做法。销售培训师多得很，我也完全没有兴趣玩市场化的游戏，因为在这样的游戏中，一些非决策者为了一次销售会议或者讨论向不知道多少位潜在演讲者询问档期和费用标准，并对这些选择进行研究。对我来说，这感觉就像一次竞价练习，并不会为潜在客户提供最好的解决方案。另外，我完全坚信，如果我的团队或者我自己按照要求进行回复，我们最终会破坏自己的机会。

　　为什么是这样呢？首先，我怎么能够知道我是最契合这位潜在客户的或者是它最好的选择呢？如果没有进行任何发现性工作或者对潜在客户会议的目标没有任何了解，我就回复了日期和费用标准，这样传递给真正决策者（和业务成果"所有者"）的信息不就是我不在乎它们吗？这就等于，不花工夫去试图了解他们为什么会主动联系我或者他们想就自己的培训或演讲活动达成什么目的，然后就高声喊出我对真正帮助他们没有兴趣。我再重复一次，如果你没有做适当的发现性工作就开始推销或者提建议，那么你将很难被认为是一个深刻关心为客户创造价值的顾问销售人员！

　　第二，与不和潜在客户交流而缺乏发现性努力比起来，我的下一个担忧更加实际。我把我的服务定价很高——有意让它在市场价最高处附近。这样一来，我主持培训班或者进行演讲的标准定价不可能再有 20% 或者 30% 的上浮。当然，如果潜在客户询价的对象不同，我的费用标准也许会高上两倍、三倍，甚至也许是四倍。我不能假定潜在客户了解我的信誉和市场对我服务的需求量，也不能假定他们明白这个费用结构是合理的。我所知道的只是，他们在寻求我的出价和档期。很难想象在这样一个价格驱动的流程中我可以赢得很多订单，因为在这里我完全没有机会让我自己和我的服务脱颖而出。我敢确定，你对你的业务也是完全相同的感觉。你想要抓住每一个机会来了解所能了解的一切，以确定你是否符合要求。如果是的话，你可以把自己放在一个与众不同的位置，以便于让你拥有最好的获胜机会。一个高的定价需要一个高端的销售流程，而通过电子邮箱献上自己的定价标准和日程安排明显不适用于一个高端的流程。

所以与其顺应他们的要求，我们不如驳回并提供一种不同的方式。因此，感谢潜在客户请求的同时，我们快速地开始进行发现性工作，在回复中问了几个问题：

● 我们很好奇是谁向您推荐了迈克？您读了他的哪本书？而且我们特别想知道，迈克先生或者说他的方法的哪方面促使您提出了这次邀请？

● 您对这次会议的具体目标是什么？您希望这位外部演讲者或专家达到什么样的效果？

● 除您以外，哪位主管"拥有"这次会议的成果并将参与决定最终用谁，以及迈克应该跟谁进行一次发现性交流以了解更多需求？

　　根据这份邀请的语气和具体表述，我们也许还可以就更多的细节进行提问，比如活动场所、参与人员、日期是确定的还是灵活的等。这种回复向潜在客户明确传达了这一信息，即我是在很认真地决定自己是否是最佳选择，尽管这并不在潜在客户的考虑范围内。而且，这样也可以很明显地表明，我们有自己的流程，即使我们很感激自己被纳入了考虑范围，但是我们绝对不会像金毛猎犬那样，仅仅因为有人向院子一头扔了个棍子就颠颠儿地跑去衔过来。这种处理方式也许还会让潜在客户思考，如果其他的潜在"供应商"真的在乎为客户提供巨大的成果的话，他们为什么没有问同样的问题。

　　这种回复比向联系人所传递的信息更重要的是，对我们来说，潜在客户稍后对我们的发现性尝试的回应将很有意义，我们因此可以快速决定是有兴趣地继续推进此事还是这就是一次不合适、潜在的时间浪费。也许你也想知道结果，大部分时候联系人对于我们的职业素养和想要了解更多的请求表示非常感谢。但是，也有非常稀少的时候，我们想要开展发现性会谈的尝试被断然拒绝，这也让我们所有人知道，我们需要自信、礼貌地谢绝这次邀请。但是有趣的是，那些不欣赏我们的提问并拒绝与我们谈话的人最后不得不回来，重新主动与我们联系，向我们道歉并遵从我们的流程，因为他们组织中的很多高层人士对于我们的退出要么表示好奇要么表示不满。

　　在这笔业务中，当我们离达成交易越来越近时，坚守立场显得更加重要。在经受了与采购人员和他们无意义的采购流程（即使我已经和决定聘用我的主管达成了协议）打交道的可怕经历之后，几年之前我做了一个重要决定，这个决定使我的生活得到改善，业务也有所增加。

又有一个采购笨蛋给我发过来一份主要服务合约（MSA），并威胁我说，如果我想跟他们公司合作，我必须同意这份印有八大点法律术语的整整三十二页的文件，这时我达到了自己的忍受极限（并最终崩溃）。我不仅看不懂大部分条款，还特别不理解为什么文件中很多内容看起来更适用于软件开发人员或者原材料制造商。同时，我还不明白，仅仅为了主持一个半天的销售研修班，为什么我要花费（浪费）几个小时来阅读这份看起来完全无关的协议，而且这家公司已经决定用我了。

出于一种被鄙视的恼火和正义感的愤怒，我把这份长达三十二页且大部分内容都莫名其妙的 MSA 扔进了我的可回收垃圾箱，并给这位采购笨蛋打电话。她刚刚通过电子邮件通知我，接下来她负责和我们公司联系，而且她将是我的主要联系人。我努力装作很愉悦地告诉这位二十六岁、经过认证的采购分析师（对自己的角色自视甚高），我认输了。我既没有精力也没有兴趣再花一点儿时间去尝试解读她那份无意义的协议，我受够了。然后，我又说了两件事。我让她知道，她并不是我在他们公司的联系人，销售部的高级副总裁才是。然后我带着一点儿姿态还有些高兴地请这位采购女士通知高级副总裁，我不会执行这份协议，而且我祝她与主管的这次重要会面顺利。

尽管我觉得我们会失去这笔生意，但我还是马上感觉好多了。

虽然我对于把销售的高级副总裁坑了一把感到抱歉，因为她对于我们共同策划的活动还是很兴奋的，但是让这位采购女士走开带给我的完全的放松，感则足以弥补我选择放弃这桩生意所失去的费用。这么做让我掌握了自主权。比这更夸张的是，当天下午晚些时候，高级副总裁给我打电话，为我糟糕的体验和他们傲慢的采购流程道歉，这真是让人大开眼界。然后她问我，如果不用与采购部打交道或者签署他们愚蠢的 MSA 的话，我要不要考虑继续做他们的活动。就是在那一刻，我成为一名更好的销售教练和顾问，我的生活和生意也改变了。

确实，在我将近二十五年的销售生涯里，我已经围绕采购人员经营了一个相当不错的圈子，而且也极其擅长借助与重要业务领导和主管的关系，但是，我还从未让一位手握重权的采购人员一边待着去，尤其还是这么大的一家公司。这位高级副总裁的道歉改变了我的想法，促使我做了作为一名顶尖高产的销售人员该做的事情——尝试复制我的这次成功。作为一名销售猎手，每当我尝试了一种新技巧而且奏效后，我会再次进行尝试，一次又一次。所以，我意识到，如果让客户的采购流程碰壁在这家公司有用的话，那么，下次遇到同样的情形我会使用相同的方法。结果，它再次奏效了。最后，第三次胜利到来了，在与一家相当大型的潜在客户合作中我们打败了采购流程。然后，我做了一个管理决定，我们决定正式采取一条新政策：不再被动地与采购流程打交道，我们会主动进攻、正面处理采购人员或采购流程带来的影响。

这种充满才华、经正式采用的新方法是什么？我会在第一次的发现性交流中告知高层商业人士，我不会参与采购流程，不会签署法律或者主要服务合约，也不允许客户赊账。我会脸上带着大大的微笑，态度积极、非常自信地告诉我的联系人，在几年之前我们就决定要把 100% 的努力投入到为客户创造价值中去，而且我也向我自己和我的客户承诺，我们所有的精力将会完全集中在创造和传递最好的演讲、研修班、培训和顾问合作上。正是因为我们致力于服务客户，所以我拒绝哪怕分出一丁点儿的精力来完成低效的采购流程。而且，不管你的标准（且冗长的）付款条款是什么，我要先收到钱。这是我们的选择，而且没商量。如果你可以接受，我会非常开心地为你服务；如果你不能，我也完全理解。

再也不用遭受愚蠢、磨人、不公平、单方面的合约的困扰，再也不会被采购人员和应付账款办事员当作低人一等的小摊贩，这太让人开心了！除此之外，采取这项政策还有一个很好的意想不到的结果。我的客户中的高级主管和销售领导都很喜欢这种方式！他们为我对抗愚蠢而鼓掌，他们尊重我拥有自己的流程，他们感谢我维护了专业销售的尊严，以及证明了即使潜在客户想操控一段关系但你不是必须要遵从的合理性。甚至更好的是，很多客户的主管想让我帮助他们的销售人员采纳类似的方式，这样他们就能够为他们客户的商务人士创造非常多的价值，让他们也能够拒绝对采购流程唯命是从。

仅仅在过去的这一个月，我和我的团队就有三次成功地做到了用我们的流程与默认方法进行对抗。第一种情况发生在我正在集中注意力给一位销售主管和他的销售经理打电话的时候，这是一次初次的发现性通话，他们来自一家知名亚洲电子公司在美国的总部。很明显，这位主管想邀请我参加一个以"销售管理就是这么简单"为主题的研修班。但是在我提出我们的政策之前，他说："我很兴奋要和你一起策划这次培训，但是我需要让我们的采购团队参与进来，让一切更稳妥。"我回复说，非常有幸能被选中来帮助他的部门提高销售管理的有效性，但是我们也许有一个小分歧。然后我就跟他解释了我的决定，就是我们**不会花任何**精力与采购人士或采购流程打交道，这样的话我们可以把所有的注意力都放在为客户创造和传递高价值的合作上。这位主管听完，"嗯"了几声，然后停下了讲话。他听起来没有生气，更像是被惊到了。他说，他发现我的立场很"有趣"，他会看看他那边能做什么。并没有什么戏剧性的事情发生。他没有威胁我说，如果我不服从，他将不得不让其他人来帮助他的销售经理们；也没有乞求或者是试图解释他有多么想跟我合作，但是根据他们这家**大型**公司的政策却无法满足我的要求。

那天下午晚些时候，这位销售经理给我的助理打电话，然后给了她两个不同的信用卡，每个里边存了我的费用的一半。这些都发生在同一天内。

第二种情况则是一位无能的采购分析师试图插手一项交易来证明她的工作的一次离奇又可怜的尝试。当时是要与一家有数十亿美元资产的工程和制造公司合作，它的美国总部在新英格兰，欧洲总部在英国。我之前和这家公司的另外一个部门有着长时间的合作，而这次刚刚和这个部门的高级副总裁达成协议，我将会主持一个为期两天的"客户开发行动手册"主题研修班，同时为三十个人提供我的系列视频培训。我们最后达成的费用比我平时给新客户的标准费用要低一些，但是我还是很乐意降价，因为我之前通过其他部门和它的母公司有着长期的合作。

在我们最终确定了这次合作的第二天，一个之前完全不认识的高级采购分析师联系了我的助理。有些可笑的是，她告诉我们，之后将由她来负责这个采购订单，而且正式地要求我们要对研修班和视频内容给予额外的折扣。提醒你一下，这个要求是在主管和我就合作的范围和价格达成共识之后。我直接把这位采购分析师的电子邮件转发给了我的主管联系人并写了以下内容：

早上好，[高级副总裁的名字]。

我教给销售人员要回避这样的人。我会回复给她我的常规价格，也就是每天再多1万美元。看她是不是更喜欢那样。

祝好。

迈克

我就是这么回复这位采购分析师的。第二天我们就收到了我和高级副总裁之前达成的采购订单额。采购被打败了——又一次。

第三个情景涉及一家中型公司的一位中层经理人。她一直致力

于邀请我在他们的销售起始会议上发表演讲，并将《客户开发行动
手册》的视频内容提供给他们的国内销售团队。这位经理在与我交
谈并且非常清楚地听到我说我们不对客户赊账，而且一旦接受合约
就要在之后的一周付全款，她给我们团队的另外两名成员发邮件，
希望能获取更好的交易条件和延期付款条约。她甚至一度问到了
Shane，我们内容业务的领导，我们能否接受先付一半费用而余款延
迟到下一个年度结清的付款方式，这样他们就可以把费用分摊到两
个预算周期里。Shane 对她的回复是非常完美的。他建议这位经理回
去问问她的总裁，他将如何回应带来相同请求的销售人员。他会很
高兴地让他的客户赊账，并把付款周期延长至十二个月吗？第二天
这位经理回来问我们要账号信息，这样的话她的公司就可以给我们
全额电汇付款。我们第二天就收到了费用。

我分享这些成功拒绝采购流程的故事是为了炫耀吗？当然不是。
但是我觉得，有很大的可能在你读到我们的规定和我们如何控制自
己的流程而不是顺从客户时，你也许不会相信这会适用于你的情形。
我担心的是，你会简单地认为我的案例都很极端——你会告诉自己
我的情况是特殊的，因为我是一名作家或者因为我拥有自己的品牌，
所以我可以以那样勇敢、与众不同的销售姿态走开，而你则不可能
做到这样并获得订单。

我和你的看法不同。我可以告诉你，有时候我和几十个销售作
家和培训师竞争同一份合约，而我也并不是处在你所认为的独特、
有利的位置。有很多饥饿的竞争者他们以不到一半的价格销售非常

相似的产品。换句话说，对那些想改善销售的人来说，我并不是唯一的好选择，因为有很多低价且更容易合作的选项。我在销售改善行业的大部分同行都非常乐意遵循采购流程并接受由大公司制定的高利贷付款条约，使得这些大公司发现即使九十天不给这些小摊贩的发票结账也没什么。所以，我可以说，我的处境并没有你想得那么特殊，和你的处境也没有那么大的不同。

尽管如此，我不会再就那些不同的观点说什么。我甚至承认，我的处境因为我销售的内容和我是书的作者而略有不同。因为我的成就或影响力，我也许有更有利的立场来利用高级主管的期望去反对他或采购人员和流程。所以，如果你是一名怀疑论者，我也可以理解，我也不会仅仅因为我分享的个人成功就让你坚持自己的流程来对抗默认的方式。相反，请你在脑子里加工一下我的故事，就当作是"开拓思路"，让自己可以思考一下坚守立场的可能性及这带给你的意义。那么现在我想让你看一下其他两家小公司，看看它们从确定改变规则、停止按照潜在客户的采购流程行事中获得的令人难以置信的成功（和乐趣）。

◎ 第二家公司成功让采购流程碰壁的故事

第二家公司是一家小公司，只有几十个合伙人。它为非常大型的美国雇主提供健康保险相关的服务。这家公司的销售对象是巨型公司和这些公司的竞争对手，当然，这些竞争对手大多也是庞然大物。你能认出它的每个客户，以及与其竞争的大多数销售相似服务的公司。

如果公司去市场上寻求新的服务供应商，往往会联系顾问公司或者代理来帮助自己进行筛选。这些顾问公司经常帮助它们设计投标申请书，来引导选拔流程，并通常让潜在的新供应商与雇主保持一定距离。这些顾问公司相信，它们通过严格地控制这个搜索流程来提供价值。如果这还不算有难度，一旦潜在的新供应商通过了投标申请这一关，接下来它们必须通过这位大型潜在客户的法律部门和采购部门的考验！

让我说得更清楚一点。我的客户（第二家公司）在我与它们合作之前就已经非常成功了。它们这家小公司知名度很高，而且在市场上很受尊重。它们有着一流的客户名单，它们的表现保持着行业领先记录，这一切都令人印象深刻。但是，高层管理却受够了做大型公司强硬手段下的受害者，而且第二家公司在提案上的胜率远没有我认为得那么高，基于它们的声誉、客户成功案例和无可争辩的成果，它们的胜率应该不止如此。

我们重点打磨了几个方面让这家公司的销售之剑更加锋利。我们简化了它冗长、聚焦自我的信息；编制了目标精准的销售故事，主要围绕它为大型雇主处理的主要问题、它的客户所取得的成果和几个真正将它的服务与竞争对手区分开来的与众不同之处。

我们彻底检查了它早期客户开发会议的执行流程，并禁止它在第一次与潜在客户会面时进行展示，哪怕是使用投影仪。

我让这家公司的总裁相信，他们提案的胜率之所以比应有的低，部分原因是，他们没有首先与关键股东会面就对那些轻率的投标申请书做出了回复。他（不情愿地）同意、采纳了我的这一政策，即在与关键股东进行发现性会谈之前不再回复投标申请书，因为只有通过会谈，他们才能更好地理解潜在客户的处境和客户寻求新供应商的目的。

尽管如此，唯一一点最有力度的改变却是聘用一位正确的销售猎手，来带领整个公司的销售进攻。我们对这个角色进行了清晰地定义，将这位完美候选人所需的特点和经验进行了明确，并联系了一家专业的搜索公司来引导这次招募。销售明星们集合在了一起，这支搜索团队在提供极佳的服务之后推荐了一位候选人，而这位候选人用一顿早餐的时间就让我喜欢上他了。

我们的新销售达人与完美目标潜在客户的会面数量创造了新纪录，而且他漂亮地执行了我们打磨后的销售流程。新的销售机遇渠道逐渐被拓宽。尽管第二家公司的销售周期通常是六到十八个月，我们这位新猎手却非常快速成功地完成了几笔生意。每件事情都进展得比计划的还要好，然后，发生了下面这件事。

销售达人先生不断获取信心，然后开始主动追寻我们公司的梦想潜在客户——那些业务和我们最好、最大客户很相似的大型公司。他开始想方设法与我们的头号梦想潜在客户建立联系并寻机面谈。在几次电话交流和电子邮件往来以后，销售达人发现，这家潜在客户正在市场上评估潜在的新供应商。当这家潜在客户让销售达人开始与它的顾问联系时，我们开始变得兴奋。很明显，我们对于被转到与顾问联系的环节有很复杂的情感。好消息是潜在客户是在很认真地考虑选择新供应商，且这次机会越来越抢手。让人失望的消息则是，看起来我们将要失去与潜在客户直接联系的机会。

销售达人非常娴熟地与顾问合作，以至于在顾问没有宣布结果之前，我们就很清楚地知道我们公司已经优先成为最终角逐这项业务的决赛选手之一。自始至终，销售达人很清晰地表示，我们在有机会与真正的客户进行发现性会谈之前不会参加投标申请，而且顾问也明白我们的立场。

由于这次机会太重要，一旦成功，这家潜在客户就会马上成为我们最大的客户之一，所以总裁对于我们的每一步行动都特别感兴趣。另外，因为他曾经和相似规模的公司打过同样的交道，他开始紧张地告诉我和销售达人说，我们将会很难获得直接与潜在客户的关键股东见面的机会。

随着时间一天天过去，情况变得愈发真实，这位老总的紧张也与日俱增。我只好把自己的角色定义为让他保持平静，并帮助销售达人继续执行任务。诚实地讲，我对这笔生意感觉良好，而且根据销售达人从顾问公司那儿得到的信息，我们也处于强有力的竞争位置。

这位老总给我发信息变得越来越频繁。有天晚上，他在工作结束开车回家的途中给我打电话："温伯格，我感到很紧张。我的直觉告诉我，在我们提交投标申请书之前，他们是不会让我们进行发现性会谈的。可是一旦给了他们申请书，他们就会进入'沉默期'，然后跟我们说与我们会面对其他公司是不公平的。所以，我们的计划是什么？"

我完全理解这位老总的焦虑，而且我也尊重他和其他真正的大型公司打过很多次同样交道这一事实，但是我的建议依然很坚定："我明白你的担心，但是我们需要保持我们的立场，并继续展现出自信。不如让顾问来担心如果他拒绝我们发现性会谈的要求我们会怎么回应。我相信，他有权力让我们站在潜在客户的关键股东面前，而且我想让他感受到我们最终可能会退出的压力。如果因为他的阻拦让拥有已证实的最高回报率和最强记录的供应商退出了，他该怎么跟客户交代？而且，我们的要求并不过分；我们想要的不过是跟一个有可能与我们签署多年合作协议的人面谈而已。顺其自然吧。销售达人的工作很显著且面面俱到，而且顾问也很尊重他。"

几天之后，销售达人打电话告诉我，我们确实是被选中填写投标申请的最后几家供应商之一。但是，与这个好消息一起到来的还有顾问的警告——在我们填写投标申请之前看起来不太可能有机会与潜在客户会面。我问销售达人他想怎么处理。他和我想法完全一致，我们决定硬碰硬，至少再坚持得久一点。想到我们的老总也许会害怕，我们叫上他一起。我们给他补了补课，也告知了他最新进度。这有可能会成为我的客户历史上最大的生意之一。我们都很激动，而且我们都很想要这次胜利，都想品尝这次胜利的味道。这些都是长期的生意，而且这样的大公司并不经常到市场上寻找新供应商。如果我们搞砸了这次机会，那么接下来很长时间我们也许很难再遇到一个类似的机会。对销售达人和老总来说，他们都承担着沉重的经济压力。

这位老总跟我们分享了他的内心想法："伙伴们，我爱你们。我相信你们，我也尊重你们，但是你们却把我害惨了。你们想让我们告诉替这个行业最大的公司控制筛选流程的顾问，我们不会回复他们的投标申请书，而我们明明为了获取这个机会努力了很多年，仅仅因为他们不给我们面谈的机会就退出？这对我来说风险太大了。我们难道就不能通过我们的回复体现的价值和我们的记录来赢得这笔生意吗？"

销售达人和我都很理解他的顾虑和问题，但是我们统一战线并坚守立场。我们表达了这一共识："为了确保胜利，我们需要站在潜在客户面前。这笔生意太大了，我们不能不与客户面谈。我们完全不知道竞争对手会在他们的提案里怎样大放厥词，而且过去我们就曾因为没有与真正的客户建立任何关系就回复投标申请而失去了特别想赢得的生意。这次让我们坚守立场，让顾问也着下急。"

销售达人回到顾问那里，尽可能优雅、亲切和坚定地告诉他，我们很荣幸被选为最终的候选人之一，但是我们需要重申一下我们的立场，在被允许与客户的关键人士会面之前，我们不会参与这个投标申请环节。当时顾问惊呆了，问销售达人他确定我们的立场是这样吗？销售达人坚守他的立场。顾问告诉他，二十四小时之内会收到他的回复。

第二天一早我的手机响了，是这位老总。"我不太明白，温伯格。我们的计划是什么？如果顾问告诉我们是不行的话，我们真的要退出吗？我们要怎么回应，我特别确定我们是不会得到这次发现性会议的。"

当我告诉他，我们只是想要显得观点明确而且准备充分，但我们并没疯时，这位老总如释重负般大大地松了一口气。当我说如果我们的要求被拒绝，我们当然会顺从、回复投标申请时，他恨不得透过电话给我一个吻。硬碰硬是一回事，但是拿自己出气则是愚蠢的。有时候，在尽最大努力之后去默从比退出更有意义。即使我们没办法和潜在客户见面，我们仍然有三分之一的机会赢得这笔生意。但是，我们必须尽我们最大的努力、有战略地来做，让我们有最好的机会将自己与竞争对手区分开来，从而赢得这笔生意。

当天下午销售达人给我打电话。在他没说话之前，我就能感受到他的狂喜了。"我们获得了面谈机会。实际上，听起来我们是唯一一家有机会和潜在客户的团队见面的。"即使现在是在重述这个故事，我心情依然波澜起伏，因为我已经成了这位老总的朋友，而且我特别想让他们赢得这笔大订单。虽然我们还没有正式获得这项业务，但是我知道这次销售流程的胜利，让我们多了好几倍的胜算把这笔生意带回家。

对于这次会面，顾问和潜在客户向我们提了两个条件。第一，我们只有三十分钟；第二，我们不能对潜在客户"推销"。这将是一次单纯的发现性会议。老总、销售达人和我兴奋地准备最大限度地利用这三十分钟，而且我特别激动，不仅因为他们邀请我参与这次会谈，还因为他们让我来开场。

在完成了一开始的和谐关系构建以后，我感谢潜在客户的高层人员满足了我们这次会面的请求。然后我跟他们分享了我们持续多年的大部分客户关系，其中有些我们已经服务了十年以上。我们想跟他们团队见面有两个原因：第一，确保我们的方法在企业文化上跟他们特别契合；第二，我们觉得很有必要直接听一下为什么他们要寻求新的供应商，以及他们做出这种改变想达到什么样的成效。在感谢高级主管满足我们的会面请求时，我伴着一个大大的笑容说，为了满足他们的要求，在我们共处的这段时间里我们不会推销产品或者推销自己。潜在客户的每位代表都大笑了起来，屋子里原有的些许紧张氛围很快被一扫而空。

在接下来的半个小时里，我们与潜在客户进行了很棒的交流。他们对我们惊人得坦诚，而且虽然我们技术上并没有向他们"推销"，销售达人和老总接下来的提问却完全展示了我们的能力和广泛的专业知识。在我观察的过程中，潜在客户团队的音调和态度已经告诉了我所有想听到的答案。他们正在逐步接受我的客户的方案，而且从个人角度很喜欢销售达人和这位老总。在第三十五分钟的时候，顾问公司代表表示会议要结束了。他转向他的客户（我们的潜在客户），问他们最后还有什么问题想问我们。潜在客户中的一位高层人员直接对我们的总裁说："这次会面很有意义。谢谢你们为见到我们而付出的努力。我很欣赏今天听到的内容，那么请允许我问一下，你觉得我们会是与你们很契合的客户吗？"老总正要开始回答，我忍不住插话说："就这样吧。我担心一旦您回答了这个问题，我们就违背了不在这个会议上进行推销的承诺。"大家都笑了。然后我们互相客气了一下，会面就结束了。

最后我们填了投标申请书，提交了我们的提案，并获得了这笔业务！虽然这并不是我的销售，我也没有得到什么经济上的回报，但是我仍然很珍惜这次经历，把它当作我销售生涯里真正的亮点之一。我们坚守了自己的立场，执行了我们的销售程序，没有一味顺从大型潜在客户和它们有力的顾问，而是让它们顺应了我们的流程。

所以，我再一次想问那些质疑者和怀疑论者：你们仍然相信自己不能驳回潜在客户的购买流程吗？这么一家小公司都成功地对它的头号梦想潜在客户和手握大权的顾问公司这么做了。你有没有觉得也许，仅仅是也许，你也可以通过坚持自我和坚持能将自己立于更有力位置的流程来提高自己的胜率？

◎ 第三家公司成功让采购流程碰壁的故事

第三家公司的成功故事更加简单。而且这个故事有趣的地方是，我完全没有参与。在这件事发生一年以后，这家公司成了我的客户。这个故事是由这家中型特种塑料公司的创始人讲述给我的，我现在只是简单地转述。我已经听他用同样的方式讲了整整三遍，但是每次听到我都觉得很有意思。

这位创始人和一名公司的销售人员当时正与一家大客户合作。出于保密要求，我们不能对这家客户进行更多的描述，只能说它生产制造了很多不同的名牌产品，你在很多日用品上都能看到它的名字。

这位创始人和这名销售人员发现这家客户正有一个严重的产品和质量问题，于是他们用心、努力地提供可能的解决方案。进行了几次差异测试后，他们构想出了一种产品，可以满足这家客户的需求、解决它们的问题。这种新产品得到了这家客户工程和产品部门人士的认可，于是，他们把这种产品转交给了他们的供应链管理团队（是对那群采购笨蛋的一个更好听的描述），让它们开始进货。

自始至终，这位创始人都跟这家客户（工程和产品部门）的商业人士说得很清楚，他没有兴趣遵循他们的采购流程，而且他"不会填写任何的投标申请书"（他的原话）。要知道，这家客户是一个大型公司，有几十亿的收入，比这家中型供应商的规模大上不止一百倍。

在这位创始人不知道且很明显没有参与的情况下，这家客户的供应链管理部门编制了一份投标申请书。当这位创始人收到这份投标申请书的时候，如果说他不高兴就太轻描淡写了，他直接给这家客户的联系人打电话："这到底是什么？我们做了这么多工作来了解你们的需求，并为你们定制了新产品，而你们的采购人员却敢让我们填你们的投标申请书？你是在开玩笑吧？我之前就跟你说过，我们不会这么做的。"

这位创始人的联系人试图向他保证，他们是站在他这边的，而且他们是想让他赢得这笔生意的。他们会指导他填写投标申请书和提交提案。听到这些，这位创始人简直不敢相信："你想让我赢得这笔生意是什么意思？我一直跟你说这种产品的费用，而且我以为我们已经达成了一种共识，就是只要我们创造了有效的产品，我们就拿下了这笔生意。我拒绝填写你们的投标申请书。就是这样。如果你想跟我们合作，那就你来填。我们之前告诉过你价格，而且我们之前所做的一切都是为了让你们得到自己的所需。我们不会回复投标申请书的。"

几天之后，这家客户的联系人又回来了，请这位创始人提交一份投标申请回复。联系人表明，他们对这个流程没有控制权，而且他们无能为力。这位创始人断然拒绝了这个要求并重申，如果他们需要一份回复，他们可以替他填，并把他们双方已经同意的价格填上。沟通结束。

一周以后，他的公司收到一笔他们为这家客户定制的这种产品的巨大采购订单。而且，几年之后，他们依然在供应这种产品。

销售朋友们，如果这三家公司的成功案例都不能说服你相信，你完全有可能拥有自己的销售流程，以及当潜在客户的流程不符合你的最大利益时，你可以驳回采购的话，那么，我不知道有什么可说的了。这三家小公司都成功地对它们的巨型客户使用了自己的销售流程，而且它们都赢得了更大、收益更高的生意，还在这样执行的过程中获得了更多的乐趣！

第14章
你当然很可能凭借老款产品
或者较高价格获胜

当你跟我一样花费了大量时间与销售人员在一起时，你也会听到很多怨言。销售人员很擅长抱怨和指责，而且很多人还总是把失败归咎到其他人身上。

在销售人员最爱抱怨的事情中——从不理智的客户到残酷的竞争对手，从不好的线索到不景气的经济——最常见、致命和适得其反的两种抱怨主要围绕在缺少有竞争力的产品和有竞争力的价格上。换句话说，那些比较差的销售人员如果没有最好的产品和最好的价格就会变得恐慌和不知所措。随便问一名销售人员，他都会一本正经地告诉你，如果他有更好的产品（或服务）或者他的产品价格更低，他的业绩将会好得多。

◎ 若因产品而活，则必将因产品而死

新内容：你的主要责任不是向潜在客户传授你们公司产品或服务的有关内容。除非你推销的是在不断变化的市场中最棒、最新、最酷的东西，不然，如果你把产品当作展示的核心或者销售电话的焦点，那么，事情将会变得越来越糟。

想一想，当互动的焦点是产品时，销售人员向客户传达了什么信息？对买家来说，这次交流传达了什么？对我来说，这明显表示，这位销售人员一点儿也不在乎客户，不在乎他们的处境、需求、挑战或者期望的结果。这是在清晰且大声地说，我们的关系（这个词用得太随意了）是完全建立在我们推销的这件东西上的。进一步讲，这是在告诉客户，你（销售人员）和你的公司为这段关系没有带来任何价值。因此，产品被迫承担一切。所以，如果你足够幸运，能够代理最新和最棒的产品，那你注定会成功；但是，如果你是一位可怜的家伙，推销的是一款老版或者公认劣质的产品，那你就基本上注定了失败，没有机会胜利。如果这是真的，那么，当你发现自己的竞争对手有着更新或更好的产品时，你也许会停止尝试。为什么还要起床或者努力谋生呢？你最好花工夫来美化一下自己的简历，而不是去努力推销你过时的产品。

我当然希望你能感觉到我的语气是在开玩笑，因为当我回首自己的销售职业生涯时，我都没法确定自己能想起来真正有在拥有较好产品时候的工作经历。现在，我并不是在说我们没有为客户提供更好的问题解决方案、更好的价值、更好的体验，甚至是最好的结

果，我强调的是，在很多情况下，我们实际的产品或服务如果没有这些，在与竞争对手进行正面交锋时将不会赢得这么漂亮。

你必须拥有较好的产品才能在销售中获取成功是一句完全、绝对的谬论。如果销售人员愿意把他们抱怨自己公司的产品被竞争对手打败的精力的五分之一用来打磨他们的信息和他们的销售技术，他们肯定会赢得更多的业务！

我并不是在说销售一种无价值的产品很简单，也不是说我们不需要相信我们向客户展示的商品和服务。如之前所讨论的一样，要想在销售行业中获得真正的成功，我们必须把客户的最大利益放在心上，而且必须把能够提供改善客户处境的积极结果作为动力。如果我们推销的东西不能达到这些目的，那么，肯定存在诚信问题和其他真正的问题。但是大部分时候，情况并非如此。我们销售的产品很有效，不仅能满足客户的需求，也常常比那些更新、更酷的产品要好！通常，问题在于销售人员对于没能拥有绝对最新和最棒的产品感到不安，而且会不愿意或者不能采取必要的举措来克服产品的不足。意思就是：他们不想采取必要举措来超过那些卖更新型产品的竞争对手。

但是，事实是产品优势和技术优势经常是临时而短暂的。自由市场上的竞争就是这样，新产品的研发和发行速度极快，即使你有幸拥有最新款的产品，这种优势却很可能只能保持很短一段时间。

我注意到，在每个销售组织中都有一些人通过销售他们公司现有的产品过得风生水起，也有一些人因为销售同样的产品而举步维艰。最突出的例子之一发生在我曾经进行培训指导的一家公司。这家公司的领导严厉要求销售团队提高某种产品类别的市场份额，而在这种产品类别中有公司在市场上最陈旧的产品。其实，陈旧也许都是一种比较委婉的说法。这些销售人员要推销一种十年前的重型设备模型，而他们的竞争对手在过去两年里刚刚发行了一款全新的模型。很明显的事实是，我们客户的团队推销的是同一种产品的老款，而竞争对手的这种产品则时髦、崭新，闪耀着所有新科技的光芒。尽管这根本谈不上公平竞争，但是我们客户的领导却非常公开、坚决地命令，他们要坚决赢取这种产品类别的市场份额竞争，两年后他们将发行他们自己的新模型。

我有个很有趣的发现，这家公司的销售团队基本上已经形成了两个截然不同的阵营。其中一个是很小一部分的销售力量，包括了大部分的高效销售代表，他们认真对待管理层的命令。这些代表理解并接受这个任务的重要性。他们已经成功销售了这种产品很多年，而且一点儿也不为他们竞争对手的新型重金属所困扰。和很多销售人员一样，他们喜欢打硬仗，而且因为他们热爱自己的公司，已经准备好了按照领导的指示来进行战斗。

第二个阵营则充满了普通和表现不佳的销售团队成员。这个阵营的代表们拼命地拒绝尝试从他们的竞争对手手中夺取份额。这些销售人员没有自豪感，也不相信他们可以有所进展，而且一点儿也不耻于承认这一点。这组代表认为他们自己是自己所处环境的受害者，也想不出任何通过他们个人努力也许可以产生不同结果的办法。

虽然我并不是一名心理学家，但是通过与几百支销售队伍和成千上万个销售人员的接触，我确实知道：当你不相信自己可以销售某些东西的时候，你就认为自己是正确的。所以，这个阵营中的代表连最基本的敷衍尝试都不愿意做，直接撒手不干。他们甚至试都没试。

真正让人觉得惊奇的是第一个阵营中的这些顶尖高产者从竞争对手手中夺取了业务，获得了令人难以置信的成功。这些人是真正的猎手，他们外出打猎的劲头好像家里全靠他们的捕获才能吃得上饭似的。所以，看到这些动力满满的猎手获取的成功次数和规模，我一点儿都不觉得吃惊，却确实让我印象深刻。在这家公司第二年的主要国内销售会议上，几位销售代表被带到台上来分享他们重要的成功故事，谈一谈他们是如何成功地"征服"这个产品类别的新客户的。这家公司甚至把电影摄制组派到签下大笔这种老式模型订单的大型客户那里。他们通过采访这些客户，让他们分享他们的幕后故事，以及决定改变他们公司对我们客户设备订单额的原因，制作了非常有力度的小型纪录片。

作为一名销售迷，我非常感动。在宽敞的会议室里，当灯光落下来，开始播放这些成功故事的纪录片时，非常感人。没有什么能比得上听到客户用他们自己的语言来描述他们为什么做这样一个采购决定，他们对这个决定多有好感、多兴奋，以及他们现在正在体验的积极效果。当每一个短视频结束的时候，听众都会爆发出热烈的掌声，而共同完成这笔交易的销售人员则会走向讲台，来分享他们是如何接近客户并赢取业务的。坐在那儿听的时候，我禁不住想，消极反对阵营里的那些代表看到他们的同事因为做到了他们这些表现不佳者认为不可能的事情而被称赞时会怎么想。

从那些迎难而上、出去推销用了十年的旧模型并从竞争对手手中夺取业务的销售的发言中，我听出了四个共同点：

1. **无畏**。在讲台上分享他们的成功故事的代表不知畏惧为何物。对他们来说，这就是个游戏，而他们参与游戏就是为了赢。他们把这件事做得充满趣味，并且承认他们没有什么可失去的。这些代表都曾成功过，而且相信，只要他们尽了最大努力前进，他们确实可以从他们强有力的对手手中夺取份额。他们不因害怕而畏缩不前，也不因对手的产品比自己的更新而满腹怨言。他们甚至欣赏有这么一个机会能够证明自己，因为他们清楚地知道，老旧的生产线是不可能在电子表格（产品数据）方面赢得这次大赛的。所以，这些获胜的代表们无所畏惧地找到其他独特的方式来接近客户，并将他们与竞争对手区分开来。

2. **专注**。在销售会议的讲台上分享成功故事的销售们都承认自己将全部精力都集中在提高这种产品类别的市场份额上。他们的成功并非偶然或运气。他们听到了管理层下达的这一挑战，并接受了它，然后将日程安排和精力重新进行调整，聚焦来执行这一任务。

3. **适合**。这些获胜的代表都很有战略性地选择目标客户来获取业务。因为他们都能敏锐地意识到对他们现有产品反响最好的客户类型，所以他们追寻的都是拥有相似特征的客户。换句话说，他们挑选出适合自己的目标，然后努力让这些目标实现。

4. 熟悉。我听到的也许最让人印象深刻的是这些成功的销售人员如何将大部分人认为的负累（他们过气的设备模型）转化成竞争优势。这些充满创造力的代表成功地编造了一个非常不同的故事，唤起了客户对市场上较新模型的怀疑、不满和担忧。事实是，这些新型、高科技、复杂的模型并非毫无瑕疵。不是所有发光的东西都是金子，这些新模型存在很多可靠性上的问题。很多情况下，客户采用新设备需要经历重要的停工期，而且操作员也不像他们原先认为的那样喜欢所有的新科技。与竞争对手的客户会面，而不是过度服务你自己最爱的已有客户，是顶尖销售人员最好的实践方式。我们客户的顶尖销售代表们也是这样做的，他们通过大量访谈使用这种新设备的客户，发现了一些重要角度，可以用来唤起这些客户对新产品的不满。这些顶尖代表对传统智慧反其道而行之，成功地表明，新的并不总是好的，而且在一些关键的任务中，新的还是危险的。他们没有害怕与大型对手的崭新设备竞争，反而充满期待！这些成功的销售人员找到了新模型的致命弱点，并且说服了很多公司的经理人和主管，他们最好转而（现在就开始）使用自己比较熟悉、已经经过验证、可靠、信任的产品来完成工作任务。如果这些论据还不够，这些顶尖代表会走出去，从操作员那里获取证明，因为后者非常乐意表达他们对我们客户的传统产品的爱和对他们公司购买的新模型的不顺手和不可靠的深深的失望。

朋友们，这就是真实的推销案例，也正是那些有备而来、动力满满、专业的销售人员的做法。作为这个故事的结尾，两年后，我们的客户终于发行了它姗姗来迟的全新模型，而且这个模型很棒！你要不要猜一猜哪个"阵营"的销售人员在推销这种很棒的新模型的过程中取得了最大的成功（以及获得了最多的乐趣）？如你所想，正是在推销旧式、过时的产品时最成功的那组。所以说，也许最终起作用的并不是产品。

◎ 如果你需要最低价才能进行推销，那你没必要做销售

请先原谅我，对于那些不停地抱怨自己公司产品定价太高的销售人员，我要给予他们一些必需的严厉的爱。如果当你读到这儿，意识到我是在批判那些业余销售人员且在吼叫时，那么，你完全正确地领会了我的语气。当我在研修班现场讲到这一主题时，我的音量会持续加大，我的脸会越来越红。这是一种很个人的情绪，因为这关系到我们的职业尊严和我们在公司的地位。

和被迫销售一种老款或者略微劣质的产品便认输的行为比起来，更糟糕的是销售人员抱怨他们完不成订单的原因是他们的产品价格太高了！就是这些销售人员首先退回来，找到管理层寻求折扣，并宣称"这家客户只认价格"。而通常我发现，首先跟客户提出较低价格的往往是这些不坚定的销售人员。这些担惊受怕、业余、装备不良、准备不足的销售人员一意识到竞争对手价格更低就吓坏了，而且不清楚该怎么办。

　　我不知道有没有可以代表专业销售人员的组织，但是如果有的话，我会去争得一席之地，毛遂自荐成为主席或者董事长，因为我确实为自己是一名销售专业人员而感到很自豪，而且我特别想要整个行业都能提高它的竞争力。如果我有幸成为一个代表专业销售人员最大利益的组织的领导，我会马上发布几条声明，而这一条将是其中之一：

　　严厉禁止美国专业销售联合会的成员在任何条件下抱怨他们公司的产品价格过高。把这一条以书面形式记录下来，并严格执行。

　　　　　　　　　　　　　　　——美国专业销售联合会主席，迈克·温伯格

　　为什么我这么坚决地认为我们永远不需要抱怨产品的价格高？有两个特别简单又特别实际的答案：

　　1. **工作存在的必要性**。证明我们高昂价格的合理性正是一名专业销售人员的工作。关键词：工作。这正是我们在做的！我们的工作就是为了清楚地表明并创造价值来证明我们的产品价格高于竞争对手是合理的。我们的高价产品或服务保证了我们工作存在的必要性。好好想想吧，如果我们的产品市场价格最低，那么公司没必要聘用我们。它们只需要把价格贴在互联网上，然后向世界宣称："我们这里有最低的价格。快过来，取走你的那一份。"认真地讲，谁需要高薪聘请销售人员来推销价格最低的产品呢？所以，请不要再抱怨你们的产品定价太高了，因为这等于是在承认你连证明你存在价值的基本工作都做不到。

2. **薪酬**。你知道你们有些人的高额底薪，或者慷慨的提成，或者那些费用报销和娱乐预算是怎么回事吧？你觉得这些钱是怎么来的呢？你的薪酬正是来自我们销售东西所获取的毛利润。而毛利润也源自我们以高出成本价销售产品和服务的能力。公司也是从这一利润中支付我们薪酬。利润是个好东西，而不是什么恶毒物。所以，当你抱怨你不能以公司期望的收费标准进行市场推销时，就像是在告诉你的雇主你不想获取同等的薪酬。我不确定你对此是什么感觉，但是对我来说，这并不是一个好的举动。作为销售联合会的主席，我会让你重新考虑一下自己的方法。

其实，高于市场价是件好事情。更高的价格意味着向客户传递了更高的价值。诚实地讲，我可以提出这样一种观点，即在很多情况下如果你的价格太低的话，更难向客户清晰地表明你创造的价值。客户又不傻。每个人都知道世界上没有免费的午餐，而且当买家听到你有最好的产品，价格却最低时，他们的正常反应就是怀疑。因为这根本说不通。人们认为，他们出了什么样的价钱，就会得到什么样的产品。我的父亲有另外一种很棒的表达，我的孩子们也很爱引用，即"便宜无好货"。这句话就说明了一切。

去年，Anthony Iannarino 让他的一个非常高端的客户邀请我去主持他们公司的年度销售开场会议的几个分会场，主题是客户开发。

我有幸听到 Anthony Iannarino 面向这支销售团队的主旨讲话。他是一个很棒的演说家，我每次听他讲话都受益匪浅。他的客户以极高的市场价销售部分私人飞机所有权——高价当然有充分理由。在他的讲话中，Anthony 正面应对了高价的话题。他大笑着对销售团队说，他们很幸运自己的产品价格这么高，因为这让他们跟潜在客户交流时有很多谈资。他们的定价结构让他们有极好的机会来描述公司提供的产品与竞争对手的诸多不同之处（包括额外的安全措施及充裕的备用工作人员和飞机）。Anthony 让这支团队思考，反过来这对价格最低的竞争对手来说有多难。他开玩笑说，他甚至好奇那些低价产品的销售人员会跟潜在客户聊什么，因为他们的便宜货底价太低，他们没有办法为客户提供类似的服务水平。而且当你真的考虑这种情况的时候，你会发现，有多少净资产极高的个人，也就是市场上对部分飞机所有权有需求的那些人，会找为了低价而走捷径的供应商？我的本能告诉我，这些客户更愿意花大价钱，以确保当他们在自己的私人飞机上飞行的时候花这些钱是划算的，而且服务和安全方面都是绝对的高标准。

如果你觉得，只有当你拥有特别好的产品（或服务）或者你的产品价格最低时，你才能获得成功。那么，我将对你是否真的理解一名专业销售人员的工作表示怀疑。

第 15 章
两名非凡销售专业人士的并不非凡的成功关键

　　我赖以谋生的工作最大的好处之一就是有机会得以观察一些非常有才华的销售人员，向他们学习，甚至和他们成为朋友。对于在我作为一名顾问和教练的十二年和之前在销售行业工作的十二年里建立的关系和学到的东西，我非常感激。

　　在梳理本书的写作思路时，我觉得非常有必要单独拿出一章来讲一讲我遇到的最好的销售人员的最好业务。当我思考要如何呈现这些信息，以及决定要从这么多真正很棒的销售人员中挑出谁来进行强调时，有两个名字不停地跃入我的脑海：Tom 和 Ron。有意思的是，这两个人没有一个在我的客户公司工作。而且，更有趣的是，这两个人截然相反，他们的个性、风格和销售内容天差地别。

　　Tom 是北美顶尖的沃尔沃汽车销售，恰好在我们本地的代理店工作，而且还是这个世界上唯一一个卖给过我一辆以上汽车的人。我是个汽车发烧友，至今已经买了六辆汽车，而且如你所料，我对销售还相当有自己的看法。Tom 就是最好的销售专业人士，无人能及！

　　Ron 是一位在企业金融服务业工作了二十多年的顶尖高产者。他是一位非常亲爱的朋友、可信赖的顾问，也是一位经验丰富的指导。在我人生的很多关键时刻，他都是我第一个打电话征求意见的人。在我的事业和平台成长的过程中，他为我加油助威；而且，也是他向我提出最具有挑战性的问题促使我思考。

　　Tom 有趣、时尚且相对外放。Ron 严肃、保守，衣着也是 Allen Edmonds[①] 之类，且更加内向。他们和你能想象到的一样好胜，受数字和结果的驱使，而且一如既往地渴望成功。他们自己的办公室里都有很多的奖杯证明他们作为顶尖高产销售的稳定地位。实际上，Tom 对沃尔沃特别重要，以至于在瑞典哥特堡工厂里工作的工人都知道他的名字。而 Ron 则常收到他财大气粗的公司的各位老总的欣赏之言。这些家伙热爱他们的工作，并以此为豪，但同时又对于获得胜利和保持领先极其认真。

　　在写作本章之前，我曾和他们俩坐下来聊了聊。也许我并不需要跟 Ron 面谈，因为我们彼此之间特别了解，但是我想有个机会让

————————————

① Allen Edmonds：美国知名皮鞋品牌，以经典、顶级品质著称，致力于为顾客提供最优品质的手工男士皮鞋。

他帮我答疑解惑。由于 Tom 的行踪变换太快，以及我跟他的交流都太过简短，我终于成功地让他坐下来跟我吃了一顿寿司，而他则是在一堆的客户信息和电话中间回答我的问题。他的节奏超出了我可以理解的范围，而且他同时处理多个任务的能力也超过了我认识的任何人。实际上，有一天在代理店我亲眼见他同时完成了一笔新订单、让一名潜在客户去试驾、发了一辆新车并处理了一个服务问题，而且全程微笑，也让其他人面带笑容。

这真是难以想象！

和 Ron 以及 Tom 的"正式"交谈只是再一次验证了我每天在客户的销售团队中的见闻。这些顶级的销售人员实际上并没有做什么神奇的事情。他们只是真的在很努力地工作，也真的很好胜。不管是进行客户开发、提前准备、发现性探索、内容展示、提交提案还是跟进服务，他们都会加倍努力。他们了解自己的业务，也熟悉自己的竞争对手。而且除了他们惊人的职业道德和必胜的决心之外，他们还明白，要想赢得订单需要在个人层面与客户有联系。在往下阅读之前，请回去重读这一段。销售行业有太多人在寻找捷径，但是其实并没有什么捷径。每个人都想要技巧、秘诀和快捷工具，但是这些东西并不存在。这个星球上最好的汽车销售人员和最好的公司 B2B 销售人员都在尽心尽力地工作——现在仍然如此！尽管多年居于顶尖位置，他们依然拼命工作，努力掌握销售基础。请仔细思考一下这一**销售真相**——没有捷径。**努力工作 + 熟练掌握基础 = 顶尖销售**。

Tom 对自己的工作游刃有余，而且看起来特别乐在其中，以至于我等不及找机会跟他坐下来谈，所以，我直接在代理店外面和他聊了聊。对我们大部分人来说，汽车零售业是很神秘的，即使是对我这样老看汽车杂志和网站的汽车迷来说也是如此。我希望能获取更多的内幕，听一听他的想法，毕竟他是我三十年的汽车购买生涯中唯一一位赢得了我的尊重让我再次去找的人。

在 Tom 年轻的时候，他并没有想到有一天自己会身处汽车行业，也没有想象过自己能获得今天的成功。他好几次重复说，让他一直一往无前和集中注意力的原因是，这个行业太难了，需要付出很大精力才能保持领先。我从几个不同的角度追问他，主要集中在他到底与普通的代理销售有什么不同，让他可以一直卖出更多的汽车。尽管我努力去解开这一秘密，但是他所有的回答都指向了同一基础内容：他所做的远超同行。确实，他也承认他的个性很适合这个行业，而且他的价值和品味也跟这个品牌很匹配，但是，Tom 同时也仔细打磨细节并努力做到尽善尽美。

上个周日，我刚和妻子 Katie 从教堂回到家，站在厨房里，正准备一会儿去咖啡厅进行本章的写作时，我的手机响了，是 Tom。我拿起手机让 Katie 看了一眼，她摇了摇头也不知道什么事。这是个很奇怪的时间。

"Tom，你给我打电话不可能是为了告诉我，我们全家人在圣诞节贺卡上看起来很棒吧，因为你明天才能收到呢。所以，你周日的这通电话是为了什么？"

Tom 回答说，他等不及要看那张贺卡了，并让我向 Katie 问好，还说他打电话是因为我们的车跟他在曼彻斯特大街上刚刚擦肩而过，而他想打声招呼。我们之所以会擦肩而过是因为那家代理店就在我家和教堂之间。这就是 Tom，周日依然在工作，为了最大的产出把下周的工作提前安排好；这就是 Tom，即使客户没有在购物也依然与他们保持联系；这就是 Tom，招人喜欢，并增强与客户的联系。当然，我不能拒绝，于是问他这一年工作怎么样。他说，不管能不能完成目标额，都会非常接近，这取决于最后几天和发货时间。要知道，Tom 的销售额很可能是一名普通汽车销售的五倍，所以，这些都很有关系。

当我们午餐会面时，我问 Tom 是什么将他与行业中的其他人区分开来，尤其是在现在客户整体上对汽车销售人员有很多负面观点和缺少信任的情况下。Tom 说他尽己所能让客户觉得自己是非典型的销售人员，而达到这一目的的关键是客户对整个销售流程的感觉。他的主要目标是为客户找到最适合的——为正确的客户找到正确的车。在 Tom 分享他的销售哲学的时候，我进一步挖掘了一下，希望能够让他吐露自己的发现性流程以及他是如何从潜在客户那里了解到自己所需的一切的。有意思的是，虽然他做了很多的探索和发现，但是却说他经常没有意识到自己在这么做，因为这对他来说是一种源自本能的好奇。他是真的想知道为什么他们会来这儿及对他们来说什么是重要的。在这次谈话中，Tom 很早就说过，和潜在客户在一起的时候，他会在精神上设身处地地站在客户的角度，根据他对客户的期望、价值、需求、自我等方面的了解开始想象对客户来说什么是完美的汽车。

作为一个已经同他经历了两次这种流程的人，我所能说的就是，他给了我一种完全不同的感觉，和之前任何一个我买车时的销售人员都不同。真的感觉他好像已经考虑了所有跟我有关的变量，所以他才能提供最完美的答案。看起来他更像是在为我量身定制解决方案，而不是恰好把我放在一辆还可以的车里。当我让他多分享一些自己的流程时，我窥探到了他对准备工作的痴迷。Tom 相信，如果他做了正确的工作，并且很好地感受到了什么对客户来说是重要的，以及了解到了客户在颜色、品味、视觉方面的喜好，那么，他向客户展示的第一辆车将非常有可能成为客户买下的那辆。他认为，潜在客户看到车的第一眼很关键，所以他在流程中绝不急于求成。实际上，因为执着于让客户和潜在新车的第一次会面是完美的，他对于现场车辆的放置也很讲究。

为了准确地知道现场不同类型、不同的内外部色彩组合，以及有不同选择套餐的汽车位置，他会定期进行了解。当他描述这一工作的工作量的时候，我肃然起敬。而且，他不仅需要知道它们在哪儿，还需要能够快速到达他想要的那辆车的位置，不用比较途中经过的一堆汽车。虽然这整件事就是一个巨大的 Jenga 拼图，但如果因为不能向客户展示他认为完美适合的那辆车从而破坏了他的流程和损害了客户的第一印象的话，这是他不能接受的。放松一下，你可以将 Tom 的这种执着与大部分代理店里的一般试驾体验比较一下。

作为一个经常买车的人，要不要告诉你，有很多次销售人员花很长时间把我带到一辆脏兮兮的汽车跟前，色彩组合也不是我喜欢的，不是我想要的车型，而且车里的汽油刚刚够到转角处的加油站？

我最想让你从 Tom 的热情和职业道德中学习到的是，这位高薪、一流、顶尖的销售花了很多工作外的时间，做了大量没人看见的枯燥的幕后工作。正是这些大量的幕后努力让他在台前与客户面对面时能够获得成功。请不要忽略这一点。Tom 能够把正确的那辆车展示在客户面前，并不是出于侥幸，也不是即兴发挥进行猜测的结果。他像一名专业人士一样进行准备。正如 Tom 提前精心准备在客户面前的表现一样，接下来你会读到 Ron 是如何让他的团队为了在会议室里向他们的巨型潜在客户展示而进行筹备的。这里有一个一以贯之的规则，适用于我认识的每一位顶尖高产的销售。准备并非可选项，而是必然的，最成功、专业的销售人员会花费最多的时间来筹备和练习客户会面和展示。

见 Tom 的第一天，我就觉得他理解我。那时，一种新车型刚刚发布，而我之前也从未以沃尔沃车迷自居过，但是这款很棒的车有些一种独特的外观，与这个品牌的独特定位很好地结合在一起。在拥有了所有德国车最重要的奢侈品牌之后，我准备买辆不同的车，但是同时想确保这辆车能够向潜在和现有客户传递出正确的信息，因为他们肯定会根据我开的车形成对我的看法。通过调查，Tom 感觉到这一点对我来说很重要，而我可以在他有想法的时候感觉到他脑子里的销售灯泡都亮了。他让我在他的办公桌那儿等他，而他则跑去开他认为完美的那辆车。感觉等了不到一分钟，他开着一辆一尘不染的新车出现了。这辆车榉木皮革色（棒球手套的颜色）上面覆着一层灰黑金属色，异常漂亮。Tom 并没有从车里出来，而是摇下车窗说："你现在还不能开，坐到副驾驶上吧。"虽然这种做法很不同，但是我喜欢他有计划的样子，因为这会让我觉得自己是在跟一个有想法的专业人士在一起。

我们开了大约有一公里，到了当地的一个公园。我不确定他要干吗，但是还是跟着他，因为他看起来很自信。他把车停在了一个我可以看到车在公园周围完整行驶路线的地方，然后让我从车里出来，观看他开车绕着公园行驶及从不同角度靠近。在接下来的几分钟里，我站在那儿，而他则开着"我的车"围着公园行驶。这样，我就可以体验到当我把车停到客户的办公地点附近或者在机场接他们时他们的感受。当 Tom 终于回来的时候，他解释了自己的想法，我也意识到自己面前的是一位销售天才。他不仅听进去了我的话，还想确保这辆车能够解除我跟他分享的头号顾虑。这辆车确实符合我的期待。我开着这辆车感受了几公里，然后直接开回代理店买下了它。这是我经历的最有趣、最专业和最愉悦的一次汽车购买体验。而且我百分之百地确定，我还价的欲望没有那么强，最后多花钱买了这辆车，因为我特别喜欢 Tom 和他的销售流程。

我也希望自己可以和你分享更多 Tom 的成功秘诀，但是通过七年的了解和观察，以及和他坐下来专门讨论销售和最佳方案，我更加相信他并没有什么秘诀。他热爱自己的工作，而且全身心地投入其中。他永不懈怠且尽最大可能保持好胜心。他把业务当作自己的事情且对结果一力承担。午餐中间，他随意地问到我的朋友Donnie最近怎么样。Tom曾经卖给过Donnie两辆车，却有段时间没有见面了。虽然我觉得告诉Tom真相会让他不悦，但我还是想知道他的第一反应，于是我看着他的眼睛说："Tom，这太尴尬了，我也不想告诉你这个消息。实际上Donnie从另一位代理那儿买了一辆经过认证的二手沃尔沃。真抱歉跟你说这些。"Tom抿了抿嘴唇，然后轻轻地摇了摇头。之后，从他嘴里说出来的几句话却比这顿寿司贵上两倍："哎呀！太遗憾了，都是我的错。我应该更好地和他保持联系的。"

我被Tom的反应打败了。没有人，我的意思是没有人在了解客户和与客户保持联系方面比Tom做得更好了。Tom了解Donnie、他的家庭、他的喜好等。而且，Tom总是不断地主动联系客户。但是，注意一下他在听到自己失去了（至少是暂时）一个长期客户时的反应。他有没有抱怨自己的竞争对手出低价偷走了自己的客户？没有。他有没有指责客户不理智或者卑鄙？没有。他有没有责怪自己的公司没有给自己足够的支持？完全没有。Tom马上把失去一次生意的责任归给了谁？直接指向了他自己。多么少见、让人耳目一新的反应！

为了让我们的会面有一个更加积极的结尾，我让Tom分享一个最近发生的有趣的销售成功案例，同时也是他真的需要努力争取才能获得的。他跟我讲了一个与一位女士有关的故事。这位女士在他这儿买了很多年的车，但是她的老公却是一位忠实的奔驰粉丝。她让她的老公来看一下最大的沃尔沃 SUV，但是她老公看起来却铁了心要再买一辆奔驰。Tom 绞尽脑汁收集了这位男士的喜好，并为他选出了他认为完美的一辆车。第二个周日的早上，Tom 给这辆漂亮的新沃尔沃加满油，然后把它停在了这对夫妇的家门口。之后，Tom 给这位女士发信息，告诉她，他把车钥匙放在了他们家走廊上的花盆里，希望他们会喜欢这辆新车。周一这对夫妇一起来了，并买下了这辆车。

当我们离开餐厅的时候，我感谢 Tom 花时间跟我聊天，然后问他在销售顶尖位置待了这么久之后是如何依然保持谦逊和对胜利的渴望的。他以我从未见过的认真的样子看着我，回答得明明白白："迈克，我从来没有把这一切当作理所当然。我保持谦逊是因为干这行太难了。如果我让自己骄傲自满的话，所有的成功明天就会消失不见。"

尽管 Ron 与 Tom 的行业和个性完全不同，但是我在 Ron 身上看到了同样的奋进、专注、谦逊和职业操守，甚至更多。我亲眼见证了 Ron 的职业发展，从对中小型企业进行客户开发到如今与非常大型的公司洽谈大业务。如果我的生活需要从一家大公司手中赢得一笔长期、复杂、险象环生的生意，我会眼睛眨都不眨地让 Ron 来负责此事。说真的，我非常确定他和我都会同意在紧要关头他可以比我出色。他是如此优秀、如此聪明，工作又如此努力。尽管看着他一年又一年地创业绩新高，当他向我描述他的工作内容和他如何让团队准备大型客户会议时，我还是觉得很惊艳。

我发现最让人惊奇的是，尽管 Ron 在一个看起来非常时髦、吸引人的行业——代表世界上知名度最高和最受尊重的金融管理公司之一向最大和最好的美国公司进行销售，他为了赢取大订单所做的一切却一点儿都不时髦。我们销售行业中的很多人都喜欢想象那些最好的销售人员在为或者向特别大型的公司销售特别大的生意时会怎么做。在目睹 Ron 成功地干了多年以后，我将要分享的内容可能会让你觉得失望。即使 Ron 是我非常爱的一个特别的销售人士，而且他聪明、专注、成熟、睿智、自律及有着让他在自己销售的行业大放异彩的气质，但我推测出的销售真相是，Ron 只是在大公司间 B2B 销售的基础执行方面比我遇到的其他人都做得更好。他之所以是他整个行业中最优秀的，是因为他是在基础方面做得最好的。

如果你想对 Ron 的同事进行民意调查，从高管到客服团队再到个人，每一个人都会告诉你，他对销售的这几个方面有执念。

1. 准备。说到准备客户会面和展示，Ron 是代表人物。他把事情做得完全不留漏洞。像 Tom 为了能第一时间找到完美的那辆车而疯狂地对全部车辆的放置进行布局一样，Ron 甚至更加疯狂地去了解有关潜在客户的一切信息，然后让公司团队准备好与潜在客户会面。他们公司的每个人都知道，如果是 Ron 的生意，他们需要做更多的前端工作。实际上，Ron 自己也说，在过去的几年里，他实际上花费了更多的精力在进行内部推销，即让团队成员准备好与潜在客户面对面，而不是进行对外销售。

2. **练习**。如果销售人员完全诚实的话，他们大部分人都会承认自己投入了少得可怜的精力练习早期的电话销售或者后期的展示。有一个让人相当伤感的现状是，销售们承认自己大部分时间都是在即兴发挥。和那些花费大量时间在练习场、高尔夫球场、罚球线和击球笼里挥汗如雨的专业运动员不同，大部分销售人员根本不练习，即使有些人练习也是敷衍了事。Ron 就不是这样。他坚持让为潜在客户做展示的整个团队在这个重要会议的前一天碰头进行彩排，对每个细节进行练习，甚至包括自我介绍的方式。放松想一下，Ron 在重要会议之前的练习要求和你的要求比起来怎么样？你有哪些最基本的标准来确保你（或者你的同事们）真的为聚光灯下的珍贵时刻准备好了？你是如何培训不好相处的工程师或者销售支持专家，告诉他们什么不能说？是你分享自己日程和介绍团队成员的方式，还是在听起来没有贬低竞争对手的情况下你强调自己公司与众不同之处的方式，还是你练习的地点和方式，抑或是提供反馈和进行培训的人来做？也许有些人觉得 Ron 的准备和练习的标准很苛刻，但是从未有人抱怨过他战胜凶猛竞争对手的胜率。

3. **个性化**。Ron 的销售策略因人而异，而且他还很较真。尽管他因为在主持客户来访或者进行重要展示方面准备得滴水不漏而让自己有监工的大名外，他最为人所知的可能是这个销售理论：联系胜过内容。当每个人都忙着争论某个要点的措辞或者努力让幻灯片更完美时，Ron 却在不停地提醒他自己和其他人，销售要个性化，因为人们都是出于一些个人原因做出购买决定的。这也是他让自己的团队花工夫在会议的开始将自己的介绍个性化的部分原因。一开始，他就希望自己的团队成员和潜在客户的团队成员之间建立私人化的联系。这也是为什么 Ron 会在一个展示的开始问一些不同寻常的问题。"当你今天早上看自己的日程安排时发现有两个小时要跟我们公司会面，你对这次会议和对我们的第一个想法是什么？" Ron 让潜在客户发表观点，因为他会问一些其他人通常不敢问的有趣、奇特的问题。而且，他能从中了解到一些关键人物所思所感的有价值的东西，而这些他的竞争对手都不知道。

4. 跟进。我不会跟你分享 Ron 跟进自己的潜在客户的一般方法，而是分享一则他成功地帮助我跟进我的一位潜在客户的故事，我觉得后者更有意义。十五年前，我在一家很棒的公司工作，当时正在努力达成我职业生涯中最大的一笔生意之一。在整整十二个月的销售周期中，一切都进展得非常顺利，于是我们都特别安心地等待最终结果。让我觉得快疯掉的是，我不知道自己还能做什么来增加获胜的几率，而且我敏感地觉得对我在客户中的关键联系人跟进太多也不合适。也正是这种烦人的感觉让我说不清道不明——我只是觉得在我们最后的提案中有些东西潜在客户不喜欢。最终，我恢复了理智，然后给 Ron 打电话。我花了十分钟跟他讲述这一重大机遇的背景信息，然后 Ron 问了六个问题来了解这笔生意的进度。他停顿了很可能只有五秒钟，我却觉得很漫长。

最后，他深呼了一口气，听起来有些担忧地说："迈克，这事儿感觉不对。你的本能告诉了你一些事情，而且根据你分享的所有内容，我觉得你还有更多的销售推进空间。你需要继续跟进且不要让人觉得你是一个没耐心、不成熟的销售，而且这么做的时候你必须要为潜在客户提供价值。给你的联系人打电话，你知道她欣赏你。告诉她你觉得他们没有获得做出最好决策所需的全部的必要关键信息，然后问她，她认为你的提案中的致命弱点是什么。直接问她提案中的不足之处，这样你就可以对其进行进一步地说明或者提供一些附加信息。"我采纳了 Ron 的建议，给我的联系人打电话。她一再感谢我问了这个问题，然后直接说出了他们那边对我们公司方案的最大顾虑。如果这个问题没有解决，这笔生意很可能会泡汤。然后我们安排了与潜在客户关键人员的另外一次会面，并调整了我们的方案来消除他们的顾虑。最后，我们签订了合约。而我也在那时意识到 Ron 也许是我知道的最好的销售人员。

我的销售朋友们，我承认 Tom 和 Ron 都是杰出的销售，他们在相当长的时间里做出了非凡的业绩。他们俩确实是我曾经见到过的最好的销售中的一分子，而且我希望在你阅读他们的故事时也会受到鼓舞，因为他们的最佳做法大多时候并不非同寻常。除了他们每个人与生俱来的、独一无二的销售本能，他们所做的日复一日的基础工作并没有什么是你做不到的。他们在工作中所做的一切没有什么神奇或者神秘的。这两个人都是通过大量的努力才成为顶尖高产的销售专业人士的；他们不得不辛勤付出，而且他们努力熟练掌握销售基础。如你所料，他们依然在努力工作。

请放心，没有什么你错过的秘密武器。Tom 和 Ron 都不会告诉你他们的成功来得轻而易举，而且我确信他们也都不会走捷径或者觉得他们发现了"销售密码"。这也是我在本书的第一部分对骗子和伪销售毫不留情进行批判的部分原因。我知道我们都希望能获取销售成功的捷径，但是没有。请小心，我的朋友，请务必非常小心所谓的捷径。请以我在第二部分中分享的大获成功的销售人员为榜样，并且快速远离那些向你承诺他们拥有让你成为一名销售明星所需一切的不法商贩。

第 16 章
好的销售领导仍然是关键

　　如果问我在以局外人的身份到公司里帮助他们改善销售表现的十二年里学到了什么，那肯定是，销售领导是绝对的关键。销售人员都能够做到在本书第二部分描述的那些赢取更多新订单的全部最佳做法，但是如果没有一个健康、高性能的销售文化，如果管理者不能让人们对目标负责、维护强健的机遇渠道，如果才能没有被适当管理以各得其所，顶尖高产者没有被留住，表现不佳者没有被快速解决掉，那么，一切都是白费。销售领导至关重要，任何销售技巧、销售流程或者销售工具都不能弥补糟糕的销售管理或者不健康的销售文化带来的伤害。

　　这也正是为什么我写下了我的销售管理一书并在过去几年里倾注了更多时间来帮助企业提高销售领导的效能，而减少了直接辅导和培训销售人员的时间。残酷的**销售真相**是，如果公司期望和需求更多新业务，那么，管理层应该做的第一件事是照照镜子自省，而不是马上指手画脚来告诉销售力量怎样做更好！

过去一年感觉像是一次大型的"销售就这么简单"的世界巡讲。我受邀为五大洲的企业主、高管、销售领导和销售经理主持研修班。在全球的主管和销售经理身上花费了这么多时间，我从中可以了解到的最有趣的一点是，所有这些领导者面临的问题并不是相似，而是完全相同！不管我是在圣路易斯还是圣迭戈、西班牙还是南非、新加坡还是圣保罗，销售管理层面临的挑战完全相同，而且这些挑战的解决方式也很容易确定。

◎ 责任制并不低级

现在，讨论培训销售人员的重要性真的很时髦，而且，我也同意这一点。培训是销售领导者工作中很重要的一部分。我是训练经理人和指导销售的拥趸。在我的职业生涯中，我从老板们对我的训练和指导中受益匪浅，而且我绝对相信管理者需要培训他们的团队，不管是涉及销售技能的开发还是机遇推进战略的指导。毋庸置疑，培训是很棒的一件事情。

对领导者们来说更时髦的是可以口若悬河地大讲他们是如何"支持"自己的销售团队的，而且每次一个糊涂的主管或者经理说出"销售支持"这个词组时，你都会觉得他们收红包了。我没办法对支持销售提出明确的异议，但是我想说的是，我不确定你能找到三个人对这件事的含义达成共识。

所以，当这些风云人物推广销售支持并对那些将培训优先于管理的人大加赞赏时，我在花了大量时间观察表现优秀和不佳的销售领导者以后只能分享这一小趣闻：责任制，尤其是在被执行得很好的时候，胜过每月天天的培训和支持及两天打印一次的销售报告！当管理者检查一名销售人员的实际成果并与目标进行对照，同时检查这名销售的渠道健康状况时，并没有什么可忌讳的，也不会政治不正确，更不会让销售人员失去动力。

在《销售就这么简单》一书中，第 20 章是最受欢迎的一章。而且，只要管理者每月组织有效的一对一的责任制会面，并从中概括出最佳做法进行落实，销售团队的文化和结果就会得以改变，我见证了这一切。当管理者（以这一特定顺序）检查一名销售人员的业绩、渠道和针对已确定目标客户采取的行动时，美妙和有效的事情就会发生。

销售经理每个月坐下来与每位销售人员正式会面，不是为了培训，也不是为了听借口，更不是为了让销售代表来要求经理们替自己干活，而只是为了让销售人员负起责任来，为了让他们对自己的业绩（结果）负责，对他们现在所付出的努力在未来（渠道）产生的结果负责，对他们为了产生和推进机遇而专注的方面（行动）负责。这一非常简单的举动可以产生改革性的后果。管理者高效地做好自己最重要的工作——让销售员对自己的工作负责，而且没有什么工具、技巧和培训能够达到对销售的这种改善效果。而且执行好责任制的好处是这并不会让团队成员失去工作动力。每名销售都明白，销售和业绩挂钩，而且业绩是渠道健康（机遇创造和推进）的产物。进一步讲，如果有销售人员因为管理者花精力检查业绩和询问渠道健康状况而愤愤不平的话，那么他可能入错了行。老实说，一名拒绝为自己的销售业绩和充盈渠道负责的销售人员很可能不可以委以带来新业务的重任。

◎ 正确的管理者和有效的销售运营团队能够改变整个游戏

我很少提客户的名字，不过是为了保护他们的身份和机密。但是有时候，我会和一家这样的公司合作，它在销售领导的角度付出甚多，而且它的主管超级有才华，与它共事的体验让人印象深刻、不得不提。有一家公司就是这种情况，我在过去的两年里在它身上花费了大量时间。Teradata 天睿公司对我们的关系和它的主动直言不讳，甚至在博客上直接说明我们共同合作的项目。这样一来，如果我不跟你分享这段经历，那就是我的疏忽了。

在我的职业生涯中，我接打过几千个电话，但是少有让人记忆深刻的，而来自 Teradata 天睿公司销售运营全球副总裁 Nate Holiday 的电话则是我接到的很难让人快速忘记的一个。他跟我解释说，他们的任务是创造一个"销售归属"文化，并采取重大举措来对全球的一线销售管理者进行投入。然后，他问我是否愿意帮忙。我的第一反应让他很惊讶。"Nate，我怀疑我没有听清楚。请你再重复一遍，好吗？我觉得你说的是，你和 Karen Thomas（美国的执行副总裁）致力于创造一种充满吸引力的 Teradata 销售文化，让它成为顶尖销售天才寻求的目的地，而同时你又希望来提高你们前线销售管理者的办事能力。但是我觉得我肯定听错了，因为没有人想做这种难事儿。大部分主管都是照搬一下销售培训，然后就完事儿了。"

Nate 对于我的讥讽之言大笑不已，并向我保证我听得没错。他和 Karen 确实有任务在身，而且他们和我一样相信，前线的管理者是驱动健康的销售文化和提升业绩的关键。

对于跟 Teradata 天睿公司和 Nate 合作的乐趣还有他的团队达成的目标及我在这个过程中学到的东西，我可以写一整本书。整个体验和我职业生涯中的其他合作一样，非常令人振奋，又具有教育意义，同时还充满挑战。在与 Nate、其他有天赋的主管们、他的销售运营团队的成员及 Teradata 世界各地的领导者和销售管理人合作的过程中，我深受启迪，其中意义最为深远的莫过于我意识到了一个具有良好领导的销售运营团队可以多么有力量、多么高效。

在我观察的大部分组织中，销售运营很多时候是不太相关的因素。它们只是被放在那儿，进行尝试，开创一些事情和流程，为销售团队获取和完善工具。它们试图协助销售主管们，并提高销售执行的透明度和责任制。但是总的来说，它们并没有太多的影响力，而且有时候它们的影响还是消极的。销售运营常常增加销售团队的工作量。常常，它们的"经过改善的新的"流程和销售工具都很繁冗、无益，而且很少为这一领域提供价值。如果进行民意调查的话，大部分人包括我都会对销售运营投不信任票，并且会抱怨，很多公司的销售运营只为自己和它自己的目标服务，而不是为销售团队服务。

但在 Teradata，情况并不是这样。我亲眼见证，一切都非常不同。Nate 会定期拿总部和销售运营经常在销售中设置的"公司税"来警告组织中的其他人。这种"税收"是公司领导层强加在销售工作的规则、要求和流程上的，并不考虑因此而产生的麻烦或机遇。Nate 所捍卫的一切贯穿在他对投资回报率的追求上，他经常问这个问题："和能够产生的利益相比，这么做将会给这个领域的人们添加什么'税'？"他声明，销售运营的任务是为销售团队创造更多的价值，而不是从中提取更多价值。如果我们要让销售团队来接受一个新工具，那么这个工具最好能为使用者提供价值和帮助，而不只是获取或收集公司自己讲的需求信息。作为一名领导者，Nate 致力于提高销售的有效性，增加销售人员与客户会面的时间，降低公司税率，减少那些看起来只为了服务企业机器的内部要求。当销售人员读到这儿的时候，会不会深有同感？为一名真正明白销售运营的角色——服务和支持销售团队而不是折磨销售团队——的销售运营领导者欢呼三声。噢，我多么希望其他人能够注意这一点，并以 Nate 为榜样。

和 Teradata 对销售运营角色的定位比起来，更让人印象深刻的是它对销售管理者的投入和决心。和我曾经合作过的任何一家公司相比，Karen、Nate 和其他主管持续展现出了更多的投入来提高这一领域销售团队领导者的有效性。不管是让我开设研修班来帮助超负重的经理人中止他们"英雄模式"的管理趋势（并将时间和精力重新聚焦在让他们的销售人员成为英雄上，而非努力替代每个人的工作），还是 Nate 花苦工夫来升级对经理人友好的网址 Salesforce.com，所有的付出都很明显。

我见过很多对 Salesforce.com 的并不完美的使用，我也是第一个严厉警告销售领导的人：也许 SFDC（Salesforce.com 的缩写）是一个很棒的工具，但是它自己本身是不能解决你的销售、销售流程和销售管理中的问题的。Teradata 的销售运营团队不仅竭尽全力量身打造和 N 倍升级了 SFDC，同时还围绕以《销售就这么简单》为主题的责任制和我们在培训中教授的培训框架创建了漂亮和有用的管理者操作界面。我从未见过对 SFDC 标准更一致、更符合实际、调整更快速的落实。我想对 Nate 和其公司对此没有保持一成不变而是努力做好的坚定决心表示大力支持。

在初次展示之后，他们又花时间开展了一轮量身定做的研修班，让那些经理人练习如何利用 Teradata 新的操作界面来落实责任制和培训。那些经理人的反馈都很满意，他们真的很感激公司倾注这么多来帮助他们取得成功。

通过这次合作，我最大的收获和对高级主管们最强烈的劝诫就是，谁来引导销售运营的举措执行真的很重要。Nate 和我就这一点曾展开过交流，我们都同意，他的销售运营团队和这些重大举措的成功很大程度上都得益于这一事实，即在担任这个角色之前他曾是这家公司的一位大获成功的销售人员。他来自这个领域！我相信，要想让一个销售运营团队脱颖而出、获取像这种程度的提高（和尊重），唯一的方法就是让一名顶尖高产的销售人员做领导。不是一名管理人员，也不是一名需要你帮助提供软着陆和避风港的挣扎中的销售人员，你需要的是一位已经经过验证的表现优秀者，一位完全明白在这个领域获胜需要什么并因为过去的成就可以快速获得尊重的人。从 Nate 踏入主管位置、领导销售运营的那一刻起，他最大的热情就是为这个领域提供支持。他自称，自己的任务是在内部赢得大家的赞同来形成"领域优先"的思维模式。我可以证明，他完成了自己的任务，而且他们公司健康的渠道和业绩也证明了这一点。

◎ 如果员工不能各得其所、人尽其用，则很难赢得新订单

我承认这一点。一提到销售才能这个话题，我就像一盘坏掉的磁带，一遍又一遍地播放着同一首曲子。我不会因为不停地自我重复而抱歉，因为不管我走到哪儿，这都是一个问题！就在昨天，跟我们市场部的领导团队坐下来交流的时候，没等别人问，一位主管就表达了自己对很多公司的失望，因为它们不停地让"农民"销售员去狩猎新业务。我特别赞同地点头，并分享说，我实际上把这种类型的销售人员称为"动物园管理员"。因为这些很棒的、服务优先的、以客户管理为中心的销售都非常擅长"照顾"他们现有的客户，他们负责喂养、保护、洗刷和清洁。这些"动物园管理员"在服务、维护和补给现有客户方面做得非常棒，但是通常这些工作对于主动获取新业务不太有用。

让我感到疑惑的是，当我把销售猎手和"动物园管理员"进行比较时，竟然没有人跟我争辩。因为有一个相当广泛的共识是，大部分猎手不擅长管理现有客户的日常需求，而且如果给团队中这些珍贵且稀少的真正猎手安排客户管理这一沉重的服务会产生大量的机会成本。同样，如果管理人员持续无理地希望他们素食、维护和平、避免冲突、关系优先的"动物园管理员"变成手持长矛、嗜血大型狩猎游戏、成功的新业务开发者，我怀疑他们是否脑子清醒，人们也没有任何异议。

虽说人各有志，但是为什么大部分主管这么不愿意直面并解决这个问题、努力进一步明确销售中的角色呢？我摇了摇头，因为尽管我很少听到有人质疑我过于简单的"猎手－动物园管理员"理论，但是我发现更少有销售领导者花工夫来开创更多特定角色并将合适的人放在这些职位上。

聘用了与职位需求不匹配的销售人才会引起表现不佳的问题，而使其更加严重的则是人力资源在这一等式中加入了自己的偏见。过去当听到人力资源经理宣扬为销售团队聘用具有合作精神的团队成员的重要性时，我常常觉得很开心。但是，今天我只会觉得生气，因为我亲眼见证了这种做法造成的伤害。我一听到这种废话或者看到对销售猎手角色的职位描述是一位与他人合作良好的完美应聘者时，就会大声抗议并发出警告。你真的想找一位把团队合作和成为公司的好职员当作自己最引以为豪的特征的人吗？还是你想找的是一位无畏的勇士，可以派到荒野中去狩猎，为整个公司提供赖以生存的食物？是的，这就是我的想法。所以，在招聘之前请三思，不要为一个需要杀手素质才能成功的（新业务）岗位招募活在不安中的维和人员。

为了避免让客户做出不妥的聘用，我严肃以待，开始推动销售领导者对销售职位重新进行公开招聘。招募信息中不再含有对公司和职位的所有那些典型的、辞藻华丽的、公式化的描述，而是对职位需求真实以告，坦诚说出会在这个岗位上成功的是哪种人。写出这种职位描述，来击退不合适的应聘者，同时吸引来合适的应聘者！

对于这一点，最好的例子就是本书前面第 13 章中提到的那位销售达人。我们都清楚地知道我们需要一个什么样的人在这个职位上大放异彩。我的客户寻找的是一位充满动力、无所畏惧的新业务开发者，不但能够自己创造新机遇，还能够在会议室里与高级主管们近距离对峙。当我们为搜寻公司写下职位描述时，除了要包含这份工作所有有吸引力的元素，还要非常清楚地说明完美的应聘者应该具备——

- 相信：传统的客户开发方式依然能够有效地获取会面机会
- 明白：尽管公司确实参加了贸易展、在行业活动中发表了演讲并不时收到内部需求订单，但是销售人员要承担起制造 50% 以上的新业务机遇的责任
- 很自在地拿起电话进行销售

招聘广告中的描述还应该能够筛除那些不愿意承担责任来通过

自己个人的销售努力充盈渠道的应聘者。这样一来，结果就会很棒。这种广告让那些装腔作势的人知难而退，同时将那些我们寻找的应聘者吸引过来，包括像第 13 章那位销售达人这样的，公司聘用他真的是我见过的唯一一次最好任命。

管理者没必要永远活在他们擅长客户管理的销售人员不能带来新业务的失望中，因为他们要么是不能、要么是不愿意去狩猎。这就是"动物园管理员"的行为方式，也是他们的本质。想象一下，如果你进一步明确销售角色，让人们能够在自己天生擅长的领域毫无压力地工作的话，那么你们团队的整体表现会有什么改变。如果你将真正的猎手放在狩猎的位置，将"动物园管理员"或"农民"放在客户管理的位置，那么，一切将会多有意思，会产生多少新订单？有一点我可以保证：每个人都会更加开心——客户、销售人员、销售管理者，销售业绩也会得到大幅提升。

◎ 落实这两条招聘的铁则

招聘并不是偶然发生的事情，它需要销售管理者花费很长时间、接收很多电子邮件、参加很多会议及做大量其他的工作。由于这些沉重的负担，你认为人们经常会忽略哪项非紧急的任务？那就是招聘。

这儿有个悖论就是，对销售领导者来说，很可能唯一一件最重要的工作就是尽可能用最适合和最高质量的有才之士来充实销售团队，但是，招聘通常是第一个被束之高阁的任务，只是因为它不紧急，而且很少有管理者会对自己的招聘负责任，除非他们当下真的人员紧缺。

对于招聘销售人才，我有两条铁则：

1. 招聘要先于需求。如果你已经选出了一"长凳"的潜在新雇员，那么为团队充实实干人才就会容易很多。这也是为什么对管理者来说很有必要经常划出专门的时间块来进行招聘。在过去的一年里，有好几位不同行业的销售经理向我承认，他们一直拖延跟表现不佳的销售人员进行问题谈话，是因为他们担心这些人会觉得受到了威胁从而辞职。如果你不同意这种观点，我也是。这些懦弱的经理人不过是在直接告诉我，他们不想处理空职位带来的麻烦，不想费劲进行招聘来替代表现不佳者。朋友们，我不能说得更直白或者更深刻了：这就是管理者的渎职！因为担心处理表现不佳者带来的后果或者懒得花工夫去找合适的候选人就忽略问题的存在，只能说明管理者的无能和冷漠。每月只需要划出几个小时来组建一"板凳"的潜在合适人选其实是最佳做法，这可以让管理者避免身处这一艰难境地：陷入困境且不愿追究责任。

2. 永远不要招聘低于团队平均水平的人。如果应聘者不能提高整体水平，那么请从他身旁走开。一旦你聘用了一位拉低你们平均水平的人，那么你就将自己和团队置于了非常危险的下滑斜坡上。当你添加的团队成员让每个人都意识到他达不到平均水平时，这其实发出了一个很糟糕的信号，很可能会摧毁你们的团队文化。在前面讨论要留心平均值时曾提到过的我的导师之一 David Kuenzle，他有一句话引用到才能评估时特别有力。David 会质问管理者，让他们去思考这句话："没气儿常比有口臭要好。"我喜欢这个表达有几个原因，尤其是把它用在管理销售人才的时候。我已经见证了这一点，而且我相信你们很多人也是。常常，我们放在职位上的大活人会对我们的公司和业务造成损害，而如果岗位上暂时没人的话，损害反而会更小。

如果公司能够真正追究销售人员对业绩和渠道健康的责任，能够意识到给销售团队带来的公司税，能够用真正提高生产率的工具来武装销售人员和管理者；而且，如果真正的销售猎手能够得到更好的支持，可以自由地去狩猎，而"动物园管理员"只需要负责照顾被委托的客户；同时，所有的销售领导者能够优先考虑人才管理和招聘，从而将最合适的人放在最合适的位置上；如果这些都能实现，那么我能想象这一切带来的销售业绩的增长。

第 17 章
停止寻找销售秘笈，忽略流行的声音，并开始着手掌握基础

我真诚地希望，当我们这次**销售真相**之旅圆满结束的时候，抛开所有的噪音和谬论，你最大的收获之一就是发现在专业销售和销售管理方面真的是"阳光底下并无多少新鲜事"。噢，有（成千上万）兜售销售工具的小贩和所谓的思想领导者会嘲笑这一评论并强烈反对，但是这是我横跨多个大洲，通过对不同行业、公司和销售职位进行观察所得到的一切事实后吼出的观点。

小心在线"专家"，他们都太急于宣扬销售和推销中的一切都已改变。更要提防他们取笑那些利用经过证明、验证的真正方法取得成功的人。同时，当这些"专家"指着他们领英上帖子的点赞数来证明他们的理论和建议是可信的时候，务必要保持彻底的怀疑。

就在今天早上，当我正准备写这最后一章时，Anthony Iannarino 让我看 *Inc.* 杂志上由一位专栏作家和所谓的销售专家发表的一篇在线文章。这篇文章的标题为"正式声明：电话销售已经死亡并被埋葬"，而且作者明确表示，科技的发展导致打电话进行客户开发成了毫无意义的事情。这篇文章写得非常好，而且我也确信它恰好传达了很多销售想听到的内容。但是，有一个问题：这不是真的。实际上，文章中宣扬的理论尽管很流行却明显是错误的。

我被伯明翰一家大型公司邀请去为公司第二年的销售开始会议继续做主旨发言，演讲结束后，几位销售代表站成一排跟我聊天。他们中有两位说，过去的一年他们成功地创造了新的纪录，并感谢我前一年要求他们划出更多时间进行客户开发。他们将自己的业绩增长归功于自己专门倾注了更多的时间和精力进行客户开发，而不是依赖公司提供的线索或者寄希望于通过过度服务现有的客户拉来新业务。

上周一位年轻的、在销售改善行业冉冉升起的明星 Miles Veth 在领英上贴出了他的外包客户开发公司为几位客户达成的实际成果，数字非常令人震惊。他小小的客户开发团队在他们客户的梦想目标客户那里获取了与高层联系人会面的机会。Miles 甚至贴出了他的团队成员往外拨出的电话数、留下的语音信箱留言数、进行的现场交流数以及获得的会面数。我之所以专门分享这个是因为人们对 *Inc.* 上那样的文章常常毫无异议。人们读到这种关于客户开发和电话推销死亡的谬论时会认为这是真的，就因为这是出版的内容。是时候清醒了！并不是说拥有一块键盘和一个网站，即使再加上一个公认的值得信任的品牌名称，就说明这是一位正规的销售专家。不管是稀里糊涂的社会化销售推广者竭尽全力想说服你，Kylie Jenner 发的自拍照是你成为一名 B2B 销售专业人士的榜样（见第 2 章），还是这位 *Inc.* 的"专栏作家"错误地宣扬电话像你的阑尾一样无用，请不要为了寻求新的销售秘笈而相信这些胡话！

如果你想在销售中达到突破性的成功，你能做的唯一一件最重要的事情就是致力于让自己能够熟练创造属于自己的新销售机遇。目之所及，有太多的销售人员在追逐机遇，只有非常少的人专注于创造机遇，而能熟练掌握这一重要技能的人甚至更少。其实，做到这一点并不难。相反，还相当简单，如第 7 至 11 章描述的那样。你必须调整成正确的新业务开发思维模式，并相信自己有力量和能力自行创造机遇。而且，只有当你动机单纯且毫不犹豫地相信自己不仅能为客户传递很棒的价值而且相信他们因为与你合作会情况更好、获得更好的结果时，这种能力才会增强。

但是，对于创造销售机遇来说，只有信念还不够；你必须在日程安排上拿出更加充裕的时间来主动寻求战略性的目标客户。成为饱受赞誉的客户服务代表和花更多时间在你的优质却没有增长可能的客户身上，并不会为你的渠道带来更多机遇。你要紧紧抓住你那些价值最高、新业务开发回报率最高的活动，并划出专门的时间块来开展这些活动。不要再沉迷于电子邮件收件箱，也不要再告诉客户有需要就给你打电话，成为一个更加自私的高产销售，让自己有更多时间执行那些珍贵又稀少、可以真正影响机遇创造的活动。这一点怎么强调都不为过：顶尖高产的销售人员之所以能不断带来新业务，是因为他们真的很擅长不让别人给他们安排工作。他们是自私的——以一种好的方式——而且最大化地将销售时间花在努力创造、推进和达成机遇上。就是这样。

花精力来打磨你的信息。要想增强你的自信，或者想在追寻新机遇的时候更加有效和从容，没有什么比得上一则充满吸引力、聚焦客户问题和成果的信息。避免因为把你提供的产品或服务作为销售故事的核心而引起的商品化陷阱，同时要抵制住想在信息开头炫耀你的公司或解决方案有多棒、多不同的欲望。有效利用第 10 章提供的万无一失的方法，将你的解决方案所针对的问题和其所能产生的成效连接起来。我保证，当你的信息聚焦在潜在客户所需的内容上时，围绕客户开发的整个态势都会改变。如果你想进一步阅读如何打磨你的销售故事，请参考《客户开发行动手册》一书的第 7 章和第 8 章。

利用一切必需的符合伦理道德且有效的手段——包括好用但过时的电话——来获取与潜在客户的早期会面机会。不要把主动给潜在客户打电话夸张成更重大、更吓人和更让人畏惧的事情。你是一名专业人员，代表了一个很可能是提供更好解决方案的业务，而且你寻求对话的对象很可能有这种需要。请拿起电话，要听起来很平常，承认你打扰到对方了。分享一个或者两个有关你处理的问题类型（或者你的方案可以达到的效果）的价值点，让潜在客户与你面谈。预料到被拒绝，并做好再多问几次才能会面的准备，同时在不管有没有退路的情况下向潜在客户承诺价值、观点和领悟。接受语音信箱和守门人是销售的一部分这一现实，所以，与其害怕它们，不如把语音信箱和守门人当作你销售武器的一部分，并利用它们来传递信息。最重要的是，要牢记客户开发是一场游戏。说"不"并不是一种私人的拒绝，而是大部分人的本能反应，通常需要询问好几次才能获取一次会面机会，需要好几则语音留言才能得到一通回电。把它当成游戏来玩，并玩好。你玩儿得越好，就可以获得越多的乐趣，而且还能得到更多与战略性目标潜在客户会面的机会。

　　一旦你创造了一个新的早期机遇，请记住，不管在何种情形下发现性工作都应该先于展示。不要急于展示你的产品、软件或者做演示报告。当你不进行任何实质性的探索性工作，直接以一种推销的模式出现时，人们不可能把你当成一位真正的专业问题解决者、顾问或者价值创造者。而且一旦你已经创造了一个真正的机遇并努力推进时，请尽可能靠近真正在乎你方案创造的价值的商业人士。远离采购坑的关键是说服关键股东，你的方案将能为他们提供绝对最好的成果。当你能像这样做得很好时，你就把自己放在了一个可以遵守自己的销售流程的最好位置，而不是听从客户销售团队的指挥。如果你很难相信自己没必要成为你巨型客户的采购或者供给链管理部门的受害者，请回去重新阅读本书第13章提到的那几家小公司的成功故事。其中，小小的David决定不再默从巨型公司Goliath的采购流程，通过坚守立场反而赢得了真正的大订单、真正重要的生意。

请记住，如果你觉得你需要最好的产品或者是最低的价格才能在销售中获取成功的话，那么，没有这些你将永远不会成功。诚实地讲，如果你所推销的是一个超级好的产品或者是有着最好价格的产品，那么你很可能没有存在的必要。所以，我会建议，当销售不够完美的产品或者产品价格比较高时，请不要急于抱怨。

据我观察，那些最高产的销售人员并不是天生的怪胎。他们也没有使用什么极端的科技，而且他们也很少讨论销售工具或者他们正在使用的新伎俩。就像第 15 章中的 Ron 和 Tom 一样，我看到那些一年又一年不停打破纪录的销售人员都是那些完全能够熟练掌握销售基础的人。我也希望能跟你分享一些秘诀，但是**销售真相**就是秘诀并不存在。所以，我最强烈的建议是，不要再寻找捷径或者销售秘笈了。认真工作。掌握基础。

如果你想跟我联系，可以在推特和 Instagram 上 @mike_weinberg，我的博客网址是 mikeweinberg.com。最后，祝你大获成功，有很多新订单、拥有很棒的销售领导！